本书由青岛大学学术专著出版基金资助

Research on the Mechanism of Correcting
Deviations in Bureaucracy
A Case Study on Equalization Reform of
Compulsory Education in L City

科层制的
纠偏机制研究

——以L市义务教育均衡化
改革为例

于洁◎著

中国社会科学出版社

图书在版编目（CIP）数据

科层制的纠偏机制研究：以 L 市义务教育均衡化改革为例／于洁著.
—北京：中国社会科学出版社，2018.10
ISBN 978 - 7 - 5203 - 2810 - 4

Ⅰ.①科…　Ⅱ.①于…　Ⅲ.①义务教育—教育改革—研究—中国
Ⅳ.①G522.3

中国版本图书馆 CIP 数据核字（2018）第 158913 号

出 版 人	赵剑英
责任编辑	王　衡
责任校对	朱妍洁
责任印制	王　超

出　　版	中国社会科学出版社
社　　址	北京鼓楼西大街甲 158 号
邮　　编	100720
网　　址	http：//www.csspw.cn
发 行 部	010 - 84083685
门 市 部	010 - 84029450
经　　销	新华书店及其他书店

印　　刷	北京明恒达印务有限公司
装　　订	廊坊市广阳区广增装订厂
版　　次	2018 年 10 月第 1 版
印　　次	2018 年 10 月第 1 次印刷

开　　本	710×1000　1/16
印　　张	14.5
插　　页	2
字　　数	202 千字
定　　价	59.00 元

凡购买中国社会科学出版社图书，如有质量问题请与本社营销中心联系调换
电话：010 - 84083683

摘　要

随着中国义务教育均衡发展由县域教育均衡向市域教育均衡深入，如何在常规教育管理体制下超越市、县之间的行政职责划分，承担完成此项变革的使命，实现对市域不均衡办学状况的转变，就成为市级教育行政部门需要面对和解决的一个重要问题，而市域内城区之间的合作办学（以下简称"跨区域合作办学"）是重要的措施依托。本书以中国 L 市的市教育局为研究聚焦点，研究者以教育实习者的身份通过为期两个月的田野调查，访谈了教育改革中的各方参与者，真实地再现了基层教育行政部门跨区域合作办学的主要过程。

本书从科层制理论的视角出发，针对科层制组织在实现目标时所遇到的障碍，表现为上级与下级之间的目标偏离，所以解决实际问题就需要在纠正科层制局限性的基础上才能实现。因此，本书提出科层制"偏在哪里—为何纠偏—怎么纠偏—纠偏的效果"这一研究思路，探讨科层制纠偏机制的运行规律。通过研究发现，科层制纠偏机制的形成与发展受到外部环境与内部要素的共同作用：一方面，上级目标提供了纠偏的政策环境，这是科层制纠偏机制形成的外因；另一方面，在科层制纠偏的内部要素运作过程中，动员机制—协商机制—人情机制构成了纠偏机制运行的内因，并使其运行轨迹呈现出倒"U"形的曲线，即以时间为横坐标轴，以科层制组织纠偏效果为纵坐标轴，描述两者之间关系的曲线先缓慢上升、后快速下降。

从外部环境来看，中央、省级政府的政策法规赋予了市级政府实现市域义务教育均衡目标的责任。由于市、区两级政府授权不同，区政府是完成义务教育职能的主要承担者。显然，要实现市域内不同城区之间义务教育均衡化，市教育局就不得不超越过去的职责范围，直接介入城区教育局的行政职权范围，平衡各个城区教育发展之间的关系。然而，在科层制的体制下，由于市教育局不具备这样的行政权威性，所以陷入一种"不得不为"同时又"难以作为"的管理困境，即"薄弱区"不愿意承认自身的薄弱地位，更不愿意市教育局直接插手下属学校的管理事务；"优质区"也不愿意在这场改革中使优质教育资源流失到"薄弱区"。上下级目标偏离的根本原因在于科层制本身的局限性。而市委"一把手"的批示赋予了市教育局协调"跨区域合作办学"的行政权威，这被看作是对科层制自身问题的一种纠偏，一种越级管理的非常态得以产生。

从政治动员、外部合作来看，市教育局首先采取动员机制，通过共同决策、提供多种合作方案、制定办学协议，为实现上级目标取得了一些低度纠偏效果。随着改革的深入，动员机制对区教育局、学校的影响力度不再那么大，尤其是困扰公办学校的干部指数、教师编制等问题无法得到有效解决。因此市教育局采取协商机制，比如"法约尔桥"的跨部门横向协调，此为中度纠偏阶段。在办学协议的审核中，区政府对区教育局的保护作用阻碍了协商机制的效果。市教育局的组织精英不得不以人情机制对区教育局的组织精英私下劝说，最终实现了以合作办学签约仪式为标志的高度纠偏，即上级与下级之间目标一致性通过强制性的契约形式得到了确认。

不过，从签约后的实际效果来看，优质民办学校与薄弱区政府之间的合作办学并不顺利。随着政治动员力量减弱，科层制组织的纠偏效果出现反复。进一步说，由于科层制纵向结构的固有关系，使得区教育局和公立学校又回到了按旧章办事的科层制轨道上，而处在教育体制外的优质民办学校按新章（办学协议）准备好的教师团队却无法派入薄弱区的公办学校。

综上，新的组织管理目标，在原有的科层制下解决不了；于是，科层制以一种修正式的纠偏机制实现目标，确实也解决了科层制自身存在的一部分问题；但是，科层制固有的关系仍然难以逾越，于是纠偏效果又有反复，导致组织管理目标的实现程度打了折扣。

关键词：义务教育均衡化；科层制；纠偏机制；市教育局；案例研究

Abstract

With the development of compulsory education from the county equalization to the city equalization, it is an important issue to city education bureau that how to go beyond the scope of administrative responsibilities between the city and county in the regular education management system, to complete the mission and achieve the transition of uneven administrative behaviors. And the cooperation between schools within urban city (referred to as "inter-regional cooperation in running schools") is an important reform support. In this book, L city education bureau is focal point, based on two months of fieldwork as an educational practice, this book reviews the evolutionary process of inter-regional cooperation under the interviews with the different participants in educational reform.

From the perspective of the Bureaucracy theory, along the ideas for bureaucratic organization: Where are the deviations—Why to correct—How to correct—What are correction effects, to explore the mechanism of correcting deviations in bureaucracy: it is formatted and developed by the joint action with external environment and internal elements. On the one hand, the superiors' intentions provide the environment for correction, which is the external cause; on the other hand, the mobilization, consultation and relationships influence the internal state and show "inverted U-shaped" curve. This is the presentation between the time as the horizontal axis and the extent of bureaucratic organizations correction for the vertical axis. Then describe the curve rises slowly at first and has a rapid decline. Based on L city experience with materials analysis, the basic conclusions of this book are as follows.

    From the external environment, city education bureau facing pressures of
superior intentions, policies and regulations from the central government and the
provincial government. Clearly, to achieve compulsory education equalization in
city areas, city education bureau will go beyond the scope of responsibility, di-
rectly involved of the administrative purview of the county, try to the balance the
relationship within the county education development. However, in the bureau-
cratic system, City education bureau does not have such executive authority, so
caught in difficulties between "have to" and "be difficult to do" . "Weak Are-
a" is reluctant to admit its weak position and "Quality Area" does not like this
reform, which makes its own quality educational resources lost to "Weak
Area" . Inconsistency between superiors and subordinates intention hinders the
realization of the higher intentions, which prompt the city government leader
asks City education bureau to coordinate the relationship of different district. It
can be seen as a correcting deviation.

    From the political mobilization and external coopertaion, the city govern-
ment adopts a series of formal mobilization first, including the convening of in-
tensive meetings to determine the cooperation programs and agreements. With
the development of reform, the official launch of the municipal government to
mobilize district government and school has weakened. Public schools have to
do more campuses to assume the task, but they are troubled with the number of
headmaster grades, teacher preparation, etc. So the consultation mechanism
shows its effect. Morever, with the relationships mechanism the leader of city
education bureau continue to promote private coordination, peer persuasion
way. Finally, under the joint action of formal and informal mobilization, signing
ceremony has completed. Bureaucratic organizations achieve the most significant
"correction", the intent consistency between the superiors and subordinates
through mandatory contract is confirmed to realize the mechanism of correcting
deviations in Bureaucracy.

    However, from a practical effect, the cooperation between the private
school and "Weak Area" is not smooth. After the signing ceremony, while the

level of political mobilization lowering, bureaucratic organization " correction"
goes into the standstill state. The government departments and public school go
back to the habit of the track, but the quality private schools still inside the
"correction", resulting in rapid−prepared team of teachers for Weak areas in
the embarrassing situation.

As a result, in the state of bureaucracy, the goal of compulsory education
for equalization in the city can not be realized completely.

Keywords: Compulsory education for equalization, Bureaucracy, Mecha-
nism of correcting deviations, City education bureau, Case study

目　　录

第一章　研究问题与文献述评

本书以山东省某市的市教育局为研究对象，采用案例研究方法，通过田野调查、访谈、档案查阅等资料收集方法，探讨市级教育行政部门在市域教育均衡化改革的过程中，如何实现对常规管理体制下形成的不均衡办学状况的转变。

在科层制的纠偏机制产生、形成和发展的过程中，本书侧重展现在外部环境的影响下，作为承担义务教育均衡化使命的市教育局，在原有教育管理体制基础上，是如何利用政治动员方式对科层制本身的局限性进行修正，并归纳出影响科层制纠偏的内外部因素以及科层制固有结构与纠偏效果的相互影响，旨在揭示出科层制纠偏的一般机制。

本章作为全书的开篇部分，将从教育均衡化改革的研究背景谈起，从市域教育均衡化改革困境中提出研究问题，并围绕研究问题着重从五个方面述评已有的文献研究成果。

第一节　研究问题

在义务教育领域，促进教育均衡发展已成为贯彻科学发展观的具体表现。经过多年努力，中国许多地区尤其是经济较为发达的地市已经在义务教育县域均衡发展上取得了良好的进步。在此基础之上，中央政府鼓励一些地市先行先试，积极探索适应当地教育情况、符合教育规律的均衡发展模式，因此，一些地市政府的市域教育均衡发展与改革就成为一个值得深入研究与解释的问题。

一　研究背景

回顾中华人民共和国成立以来的教育制度，毫无疑问，它是一种二元教育制度。它表现为城市与农村之间、城市中心区与郊区之间出现整体性的分割，形成"城市教育"和"农村教育"、"中心城区"与"郊区"的差异。后者即为城市区域之间的差异。当然，这种差异格局的形成都有着一定的历史背景和体制根源，即在过去有限的资源条件下，教育差异与政府过度向重点学校进行资源倾斜有很大关系，也与长期以来"各自为政"的分区（县）办学格局有很大关系。可以说，二元教育发展状况与二元经济和社会结构之间存在着必然的联系，后者是因，前者是果。

2011 年，四川、青海、甘肃、西藏四省（自治区）通过"两基"国检，这标志着中国所有省（直辖市、自治区）全部实现"两基"目标。从1992 年党的十四大提出实现"基本普及九年义务教育、基本扫除青壮年文盲"的"两基"目标，到 2011 年全面实现九年义务教育，历时近 20 年的时间，这是中国义务教育工作的卓越成就，也预示着要对义务教育发展提出新的要求。2011 年教师节前夕，时任国务院总理的温家宝同志到河北省张北县考察，要求在义务教育阶段积极推进城乡一体化和均衡发展。

当前，从中央到省、市，各级教育行政部门都在积极探索推进义务教育均衡发展的策略。应从中央政府的角度来看，应将农村教育摆在最重要的战略位置，国家财政新增教育经费主要用于农村薄弱学校发展的保障；大力扶持西部地区的人才培养，缩小与东部沿海发达地区的差距。从省级政府的角度看，应坚持义务教育由省人民政府统筹规划实施、县级人民政府为主管理的体制，推进义务教育均衡的改革试点。从市级政府的角度看，义务教育发展是一项重要的民生工程。市域内的"择校"主要是"择师"，因此，各市政府均把教师资源的均衡配置和教师水平的提升作为首要任务。

　　显然，教育政策制定者们开始为更广泛地发展区域教育均衡而努力，不断扩展对教育均衡化的理解，并采取市域教育均衡的行动，使得一系列关于扩大优质教育资源的政策相继出台。通过对中国 19 个地市的市域教育均衡改革的组织形式特点进行梳理和归纳（见表 1.1），发现它们在政策扶持、城乡学校互助、教师资源配置等方面都很接近。总体来看，上述政策所追求的是在市域范围内，扩大优质教育资源的覆盖面，大致可以浓缩为"全域管理""名校办分校""城区间教师流动"的主要组织形式特点，旨在减小校际间乃至市域内城区间的差距。

表 1.1　　　　市级政府推进市域教育均衡的组织形式特点

序号	城市名称	政府组织形式特点
1	石家庄	一拖二：1 所城区优质校与对应学段的 2 所城郊薄弱校捆绑，实现"1 + 2 > 3"
2	大连	将主城区与涉农地区捆绑组团，签订对口帮扶项目合作书
3	苏州	校际间教师流动制度和城市教师到农村支教制度、成立全市中小学名师共同体
4	厦门	打破区域限制，建立健全优质教育资源"全域厦门"配置机制
5	济南	在有条件的农村学校建设一定数量的交换教师周转房，为城市教师下乡创造必要条件
6	潍坊	取消中小学校长的行政级别，实行校长职级制、任期制和遴选制，推动校长交流
7	威海	推动城乡学校对口帮扶和联动发展，全面推广城乡学区一体化、强弱校联合共建模式
8	深圳	为期 3 年的"百校扶百校"活动，形成 202 所结对学校
9	太原	实施"百校兴学"工程，用 3 年时间，每年新建、改扩建 100 所学校
10	合肥	名校迁址办学，形成新老城区并驾齐驱、均衡发展的态势
11	南昌	市级政府加大帮扶力度，完善城市中小学与农村中小学结对帮扶
12	郑州	制定了《郑州市创建义务教育均衡发展先进单位工作方案》，成立以市长为组长，常务副市长为副组长，教育、财政、人事等部门为成员的领导小组

续表

序号	城市名称	政府组织形式特点
13	焦作	要求市发改委、建设、国土等部门对教育项目建立"绿色通道",简化审批手续,减少审批环节,实行"一站式"服务
14	鄂尔多斯	市政府把引进的成熟教师与考录的优秀本科生、研究生优先分配给新建校、薄弱校和农村学校,改变过去"好老师放在老学校"的做法
15	成都	以一元的户籍制度改革推进灾后教育重建项目标准化建设
16	贵阳	破除政策壁垒,将市级财政资金拨到民办学校,即"用财政资金给予受政府委托的义务教育民办学校与公办学校相同的生均公用经费补贴"
17	玉溪	建设农村教师安居工程,率先以州市为单位整体推进农村教师住房保障工作
18	兰州	成立市教育局规划、财务、人事、师资、基础教育部门所组成的领导小组,细化和完善方案
19	克拉玛依	加大财政投入,对全市所有中小学进行了高标准的改扩建,均配置了标准的室内风雨操场、室外塑胶田径运动场

资料来源:根据教育部基础教育一司《2010—2012 义务教育均衡发展》丛书整理。

近年来,虽然国家大力提倡义务教育均衡发展,但是要想改变过去形成的教育资源分配体制在市域内造成的教育发展非均衡的格局,并非一日之功。具体到上述 19 个城市的义务教育阶段的学校,中央政府并不直接管理它们,主要是通过政策施加影响。当政策到达地方政府和地方政府教育行政部门后,区(县)级政府承担着本区域内教育公共服务及其均衡化发展的主要责任。当各地市纷纷走上市域均衡的教育发展道路时,市一级教育行政部门经历着从不成熟、不稳定逐步走向成熟、稳定的组织变迁,管理制度和组织机构都因教育均衡发展而产生了一定的变化,形成了为实现市域教育均衡化目标而采取的"跨区域合作办学"组织形式及运行机制。

二　问题提出

在经济领域，对稀缺性资源一般是采取市场方式进行配置的。而对于义务教育，世界各国的做法大都是政府采取行政力量进行干预。在中国，对于财政有困难的区（县），市级财政会按照一定比例，给予其转移支付或专项补助；对于特殊建设项目，市级财政甚至会承担全部资金。而且，政府还在中心城区与农村区县之间建立帮扶制度、城镇中小学教师到农村任教服务制度，制定城镇新任教师到农村支教 1 年的政策等。特别的是，一些地市已经出台规定，城镇中小学教师评聘特级、高级职称时，必须有一定时限以上到农村学校或城镇薄弱学校支教的经历。不过，在经历了一系列教育改革之后，中国的地市一级仍然存在区域间教育不均衡的问题，这引发了教育研究者们的进一步思考和研究。

目前在中国，市级政府在市域内自上而下的教育均衡化改革过程中陷入了一定的困境。因为中央规定了义务教育管理是区（县）级政府的职责所在，而近年来教育部和各省教育厅出台的文件却又明确了市级政府帮扶薄弱学校的责任。教育部 2011 年与 28 个省（直辖市、自治区）签署了义务教育均衡发展备忘录，随后，北京、福建、海南、山东、河南、广西、宁夏、重庆、湖北、贵州等省（直辖市、自治区）采取省级政府与辖区内所有市级或县级政府签署义务教育均衡发展责任书等形式，将本省（直辖市、自治区）确定的义务教育均衡发展目标、任务和责任层层分解、逐级落实，进一步明确了市级政府的职责和任务。

不过，市教育局不是区教育局的直接上司，两者是业务上的指导与被指导关系，因此，区政府的层级设置为区教育局提供了一定的庇护作用，使得区教育局能够比较自主地行使辖区内的教育管理权力。但是，权力又是有弹性的，区政府免不了受到市政府在干部任免、绩效考核等方面的影响，不太容易摆脱市政府对区教育管理的关注与压力。在特定的情况下，尤其是有了市里"一把手"批示，各单位必然会相互配合，打破原有的组织边界。但是，区政府及教育局又不可能完全丢弃自身权力——义务教育属地管理权。因此，上述情境中必然涉及不同组织的参与者彼此协商、讨价还价、退让等情况，这就需要采取新的组织形式来明晰组织边界。那么，市教育局是如何超越行政区划的限制、谋求市域教育均衡发展的新组织形式，就是本书的关注点。

本书所指的组织形式，正是由处于组织交界的组织单元以及其所在环境中的若干个行动者之间的互动所共同建构的，由于受到外部环境的制约而不得不采取策略以应对外部压力，因而造成它们各自的行为及其通过互动所结成的横向与纵向关联又共同塑造了内部环境。组织交界单元也正是在如此的制度环境中发挥作用，实现外部环境与内部环境的目标一致性。

通过阅读文献发现，不同地区在推进义务教育均衡化的战略与策略选择、改革与发展的重点领域、政府与市场的作用方式方面，存在着明显的差异。然而，一般来说，义务教育均衡化改革均涉及义务教育管理体制的内外方面，涉及市政府与区政府之间、区政府与学校之间、政府与企业之间等方面的权力关系。本书试图通过具体剖析一个地方政府组织的义务教育均衡化改革的过程，从中梳理出教育均衡化目标在传统等级制下如何解决不了、在修正式的等级制下如何被解决，以此为基础深入讨论市教育行政部门"跨区域合作办学"组织形式的产生和确立的一般机制。

如图1.1所示，在L市的"教育均衡化改革"案例中，实线箭头表示行政管理上的控制关系，虚线箭头表示非控制关系。市教育局是处于组织交界上的组织单元，是纵向关系与横向关系相互交汇的点，除了与纵向上的市政府、局属学校之间的关联外，还有横向上与区政府、区教育局、学校、企业之间的关联。

在纵向的关系框架中，制度环境赋予了市教育局进行市域教育均衡发展的责任。《中华人民共和国义务教育法》第七条规定："县级以上人民政府教育行政部门具体负责义务教育实施工作；县级以上人民政府其他有关部门在各自的职责范围内负责义务教育实施工作。"按照中国现行行政体制，地方政府是指省（直辖市、自治区）、地（市）、县（区）、乡（镇）四级。地市一级人民政府所处的行政层级使得其在推进义务教育均衡发展的过程中具有统筹规划和组织管理的使命。作为市级人民政府的教育行政部门，市教育局对于市域内教育均衡的发展责无旁贷。它既可以利用市级政府的政策资源与财政支持，也可以因地制宜地挖掘市教育局直属学校的优势与潜能。

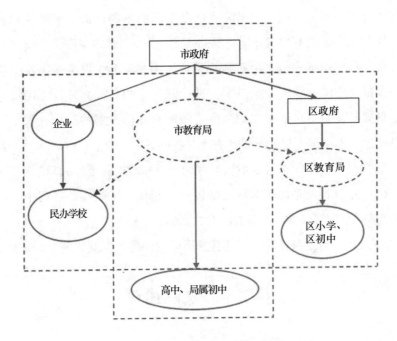

图1.1 L市义务教育管理组织结构

在横向的关系框架中，市教育局面对着拥有义务教育实际管理权力的区政府，并对区政府的下级——区教育局有着业务上的指导关系，因此市教育局希望通过与其他具有相似功能的组织的相互作用，对各区不均衡的办学状况进行改革。因此，它必须参与到区政府所在的场域中，利用自身的资源，力图参与到区政府的义务教育管理活动中去，重塑义务教育管理体制。而且，在制度环境的作用下，由于政府组织、学校组织、地方自治企业组织等各方参与者的存在，市教育局可能会促成多种形式的集体合作或协定的产生。

综上，在政府教育管理等级体制下，由于市、区两级政府授权不同，区政府是完成义务教育职能的主要承担者，而由于各个区财政状况、所属学校办学基础、居民社会经济地位不同，出现了教育发展不均衡的问题。中央将解决这个问题的责任交给区政府的上级政府，即市政府来履行。显然，解决这个问题是无法在原有体制下进行的。于是，市政府需要超越过去的职责范围，承担完成此项变革的主要使命，来实现对常规管理体制下形成的不均衡办学状况的转变。为此，L市采取了"跨区域合作办学"的组织形式，在原有教育管理体制基础上，将企业以及企业参与举办的优质民办学校吸纳进来；进行跨区域的名校办分校、民校办分校等形式，试图用它来实现各个区之间教育均衡发展的目标。那么，在此基础上，本书试图追问以下富有意义的问题：

（1）科层制组织在实现市域教育均衡目标时遇到了什么问题？

（2）市教育局是如何对科层制进行"纠偏"的？在此过程中，市教育局与科层制固有结构之间的互动关系如何？

（3）科层制组织可以改变其自身形成的问题吗？其纠偏机制是什么？

第二节　文献述评

透过L市市政府吸纳区政府、学校、企业参与教育均衡化改革的微观过程，我们发现，市政府置身于中央和省政府推进"义务教育均衡化"的政策环境中，教育均衡化实践中最重的压力，落在了处于政府教育管理等级中间位置的市一级教育行政部门身上。本书研究的目的在于，通过对L市市教育局为实现市域均衡目标而采取的"跨区域合作办学"组织形式的分析，揭示科层制纠偏的一般机制。根据本书关注的焦点，相关文献述评主要涉及科层制研究、政府"委托—代理"关系、企业中M型组织形式、资源依赖理论及策略的研究、新制度主义研究五部分的内容（见图1.2）。研究述评对象从义务教育组织扩展到整个组织研究领域。

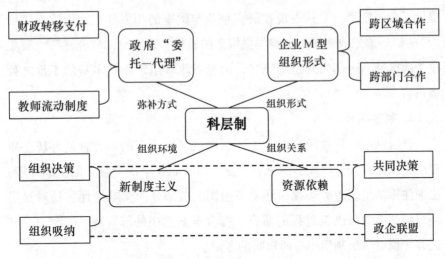

图1.2　文献述评内容框架

1. 第一部分

对科层制的文献研究主要集中在对科层制的利与弊的反思、教育体系科层化两方面，从而对中国政府教育管理体制如何进行改进有了重要启发，即科层制并非不能根据其不足来纠正其行为。

2. 第二部分

对不均衡办学状况现有的政府弥补方式的研究进行梳理，旨在发现政府组织本身存在的哪些问题对弥补方式的效果产生影响。述评以政府"委托—代理"研究为视角，主要述评财政转移支付机制和教师流动制度两方面的研究。一方面，教育财政中转移支付机制的建立旨在缩小各区教育投入的差异；另一方面，在硬件条件改善后，教师资源就成为影响义务教育均衡的关键因素，因此教师流动制度的建立也是一种弥补方式。

3. 第三部分

科层制组织形式研究。由于本书的研究对象不仅是前文所提到的财政转移支付方式或教师流动制度，而是一种专门的组织形式——"跨区域合作办学"。企业中 M 型组织形式的相关研究文献则为其他领域的组织提供了参照模型，尤其表现在研究企业与国家的相似性上，把政府组织（科层制）想象成为居民消费提供服务的机构。这部分的研究述评主要集中于跨区域、跨部门的组织研究，为修正政府组织形式本身的不足之处提供启示。

4. 第四部分

科层制组织环境研究。除了老制度主义所研究的地方社区环境，新制度主义还发现了民族—国家、产业部门、职业层次上存在的组织环境，更加注重从组织边界来探讨环境与组织。这部分的文献述评包括对科层制组织的吸纳与决策过程的研究，符合本案例中外部环境——企业及其民办学校对科层制组织有所影响的考量。

5. 第五部分

科层制组织关系研究。由于本书的聚焦点是组织边界处的交界单元，因此，在它的中介作用下，科层制组织上下级间实现了信息与资源的流动。这部分研究述评是关于以资源依赖理论为视角围绕共同决策、联盟的组织策略的内容，针对的是修正科层制组织之间的关系。

另外，从图 1.2（虚线部分）可以看出，第四部分与第五部分的文献相互呼应，即组织决策与"共同决策"、组织吸纳与政企联盟相互呼应。环境与组织不可分割的关系可被用来探索、描述与解释组织事实，这些研究特性正符合本书的目的，即对 L 市教育均衡化改革过程复杂多变的现象进行翔实描述，再有机地整合科层制理论的内涵与相关概念，深入探究如何修正科层制组织本身的局限性。

一　关于科层制的研究

在关于中国政府组织的研究文献中，有关"Bureaucracy"的翻译方法一般有两种。一种译法是"官僚制"，来源于苏联对这一名称持否定性价值判断的影响，让人容易联想到在其位不谋其政的"官僚主义"，蕴含着效率低的含义。另一种译法则是"科层制"，西方学者将其视为一种价值中立的执行体系，指在大型组织中对工作进行控制和协调的组织原则。[①] 本书对于科层制的研究正是倾向于此种含义，将其视为一种行政和生产管理的组织形式，不仅包含了政府行政部门，也包括了工商企业组织以及不同属性的学校组织。后者是由其组织本身所具有的被控制与被协调的特征所决定的。

有学者还对官僚制与科层制的概念进行了阐释，认为官僚制是拥有政治权力的机构，其权力的无限膨胀对民主是极大的威胁；科层制管理既是民主自由的保护神，也是民主的障碍。闻丽讨论了科层制组织及其组织技能对保护民主的重要性，但又明确提出了"过分的科层化又会妨碍民主"的观点。[②] 这也是韦伯在提出科层制组织后的隐忧。因此，如何客观地看待科层制的利与弊有助于丰富对科层制组织的解释。

（一）科层制的利与弊

理解科层制的价值对于研究政府的组织管理具有重要的意义。虽然科层制是随着资本主义的发展而创造出来并不断得到发展壮大的，但其确实满足了现代社会对理性化行政组织的需求。韦伯以克伦威尔（Cromwell）领导下的清教徒对抗保王党的案例，论述了前者的胜利是由于科层化的部队具有更高效率的观点。虽然效忠查理一世的保王党成员异常英勇，但却缺乏组织纪律性。[③] 韦伯对此案例的研究历史感很强，并将其对科层制理想模型的理解贯穿其中。而在现代社会里，日本公司大多责权分明、等级严格、重视培训，更是充分发展了的科层制组织的典型代表。透过1984年成立的美日合资企业NUMMI的案例研究可以发现，科层制在这家公司里发挥的功能已不仅是控制作用。具体地说，经过专门化培养与训练的工程师和中层管理者的功能已不再是发号施令，而是提供多

[①] 彼得·布劳、马歇尔·梅耶：《现代社会中的科层制》，马戎、时宪民、邱泽奇译，上海学林出版社2001年版，第2页。

[②] 闻丽：《科层化：科层制组织的理性与非理性》，《理论月刊》2005年第12期。

[③] 彼得·布劳、马歇尔·梅耶：《现代社会中的科层制》，马戎、时宪民、邱泽奇译，上海学林出版社2001年版，第26页。

方面的帮助；并且公司的管理者必须尊重和信任工人。①

虽然科层制以严格的规章制度、专门化训练的人员造福于组织，但是以德国学者米歇尔斯（Robert Michels）的"目标替代"理论为分水岭，科层制的弊端就成为 20 世纪 60 年代以来组织研究的重要研究主题。与韦伯的"根据明确的目标进行组织设计"的观点不同，米歇尔斯认为实际上"很多政治组织所谓的正式目标在组织演化过程中都被替代了"。② 在组织不断形成与发展的过程中，上级组织精英的利益逐渐主导了组织的目标倾向，而不再是以所有成员的充分参与来确定组织目标。事实上，科层化的管理体系取代家长制的管理形式是一大进步，但是，在这种理性科层制的安排中，上下级过分严谨的等级秩序使得权力集中在了少数部门甚至少数的组织精英手中。

布劳和梅耶也对科层制的"反功能"③ 进行了深入浅出的研究，将其归纳为三点：来自规则和规范运用中的过分刚性；对革新的抵制；固化社会阶级差别，进而固化社会不平等。④ 从中可以看出，科层制组织的弊端可以被视为僵化、保守而拒不革新，其似乎是一种不可能根据其错误来纠正其行为的组织。这明显地反映出对科层制缺乏民主性特征的批评。

（二）教育体系科层化

教育管理系统本身就是一个庞大的科层体系。在中国现有的教育管理体制下，公办学校是由市教育局或区教育局管理的，依靠的是政府权力；公办学校的组织结构、目标以及领导层的管理方式和工作模式等都在政府的控制之下，郭建如将以上内容归纳为"教育体系科层化"，指出不管是在中华人民共和国成立前的传统社会，还是在中华人民共和国成

---

① 崔新健：《美日合资企业创新泰罗制和科层制的经验》，《外国经济与管理》1995 年第 2 期。

② 周雪光：《组织社会学十讲》，社会科学文献出版社 2003 年版，第 13 页。

③ "反功能"指的是社会系统中对适应和调解有所损害的特性。

④ 彼得·布劳、马歇尔·梅耶：《现代社会中的科层制》，马戎、时宪民、邱泽奇译，上海学林出版社 2001 年版，第 139—155 页。

立后的民主社会，现代教育的推行都是自上而下的过程。① 因此，透过科层制的视角来分析教育体系改革的过程是较为适宜的。

约翰·E. 丘伯等在《政治、市场和学校》这一经典著作中对美国公立学校的科层制进行了批判。他们以 500 所公立学校和私立学校为研究分析样本，以两万多人（包括学生、教师和校长）为分析对象，分析出政府对学校教育进行从上至下的管理必然导致高度科层化的科层体系以及此种体系不可能高效运作的结论。与之类似的是，杰夫·惠迪等在《教育中的放权与择校》中的观点更为鲜明，指出在学校教育中引进市场经济力量可以弥补科层制的缺陷。

国内学者与上述观点呼应的是，康永久②从学理上论述了公立学校的先天性缺陷。他在《当代公立学校制度变革研究述评》一文中对公立学校制度的科层制予以批评时指出，作为公立学校精神内核的公共性不可避免地受到由其演化而来的政治性和科层制硬壳的束缚，要从根本上改造这种封闭体系，必须打破"姓公姓私"的思想束缚。同一时期的张新平③、贺武华等④也对学校科层制进行了回顾与反思。学校教育是一项具有人文特点的特殊事业，然而，从其外部行政管理体制来看，中国政府庞大的行政组织机构和人员造成了学校管理的职能交叉、机构重叠、层次复杂等现象，出现了学校之上指手画脚的"婆婆"过多的特征。因此，政府管理部门亟须根据教育体系科层化的特点纠正自身在组织形式、组织结构等方面的问题。

值得注意的是，教育体系中公立、私立教育合作方面也强调权威的科层制的自我调整作用。对于教育领域中政府部门与企业的合作研究，

① 郭建如：《国家—社会视角下的农村基础教育发展：教育政治学分析》，《北京大学教育评论》2005 年第 3 期。

② 康永久：《当代公立学校制度变革研究述评》，《比较教育研究》2004 年第 11 期。

③ 张新平：《对学校科层制的批判与反思》，《教育探索》2003 年第 8 期。

④ 贺武华、方展画：《公立学校"科层制批判"的反思与批判》，《浙江大学学报》（人文社会科学版）2009 年第 4 期。

敬义嘉认为这是现代科层制的一种有限并且主动适应环境的表现。① 它缓解了外部环境对于政府能力的扩展性要求，同时避免了公众对于科层制扩张的反感情绪，使得政企合作成为科层制用以生存与发展自身的一种手段。与此同时，作为政府组织的一种组织边界处的扩展行为，通过签署契约合同，政府与以前仅存在垂直性的一般控制关系的非政府主体构建了水平性的合作关系，以此将活动领域扩展到了政府组织本身具备的能力之外，同时也避免了与公立学校之间冗长的教育行政执行链条，弥补了信息沟通不畅，是一种可以根据其错误来纠正其行为的表现。

（三）文献总结与启示

通过以上研究发现，科层制组织的弊端是僵化、保守和不愿革新，但它并不是一种不可根据其错误来纠正其行为的组织。而且，在中国的政府管理体制下，虽然各级政府组织以规章制度为标准，但也会受到外部环境的影响，具有一定的民主性和改革意识。甚至，在上下级的组织精英之间可能存在一定的私人关系，并不是科层制所强调的"在工作中不会掺杂个人感情因素"。根据本书的关注焦点，接下来首先是关注政府组织针对自身不足所采取的弥补方式；其次是探索适合政府组织修正其自身局限的新的组织形式；最后是探讨组织环境、组织关系因素对科层制组织的影响作用。

二　关于政府"委托—代理"关系的研究

作为单一制国家，中国的政府管理活动主要是依靠"多层级"的政府机构逐级向前推进，实际形成了中央政府—省政府—市政府—县政府—乡镇政府的五级政府管理体制的"委托代理链"。② 在以上五级政府层级的架构中，中央政府是全国人民（居民）的代理人。中国在国家结构形式上形成了"每一级都要管理所有事情，即五级政府间'职责同构'

---

① 敬义嘉：《政府扁平化：通向后科层制的改革与挑战》，《中国行政管理》2010 年第10 期。

② 刘祖云：《政府间关系：合作博弈与府际治理》，《学海》2007 年第 1 期。

与'条块分割'的格局"。① 在这种格局下，中央政府与地方政府之间形成了多重委托代理关系。

遵从上述政府委托代理关系的逻辑，张金艳将省级政府视为所管辖省域内居民的代理人。② 地方各级政府在事权逐级下放的过程中与省级政府形成了事实上的多重委托代理关系。也就是说，已有研究已将经典"委托—代理"模型扩展到有多个代理人的公共委托模型。有学者通过建立一个多任务的"委托—代理"模型来分析农业税取消后的乡镇政府行为，并试图形成研究政府行为的一个统一的分析框架，用以揭示政府行为背后的环境与利益相关者的相互作用。③

江孝感和王伟考察了构成"委托—代理"模型的三个要件。④ 一是信息不对称。代理人作为具体的事务经办者拥有比委托人更多的信息，相对于委托人，其处于信息优势地位。二是契约关系，即委托人与代理人之间形成事实上的契约关系，体现在一定的利益关系层面。三是激励机制。委托人为了使代理人有一定程度上执行委托任务的动力，会设计一套激励机制使得代理人在满足自身利益最大化的同时实现委托人的利益，即激励相容。研究发现，在中国，中央与地方政府事权关系以及由此产生的财权关系具备了构成"委托—代理"关系的三个要件，但是并未对其背后存在的信息不对称、契约关系、激励机制的原因进行探讨，仅得出地方政府作为代理人与中央政府构成"委托—代理"关系的结论。

已有研究除了关注"委托—代理"模型的构成之外，有学者从政府职能配置的视角明确指出了下级政府承办的政府事务主要是中央政府或上级政府的委托性事务，并运用政府间纵向关系这一分析框架，将政府

---

① 朱光磊、张志红：《"职责同构"批判》，《北京大学学报》（哲学社会科学版）2005 年第 1 期。

② 张金艳：《委托代理关系、政府层级与农民负担》，《经济体制改革》2005 年第 3 期。

③ 聂辉华：《取消农业税对乡镇政府行为的影响：一个多任务委托—代理模型》，《世界经济》2006 年第 8 期。

④ 江孝感、王伟：《中央与地方政府事权关系的委托—代理模型分析》，《数量经济技术经济研究》2004 年第 4 期。

职责、政府层级结构、政府机构三者较为系统地结合起来分析政府职能的配置状况,① 其更加注重政府组织在社会经济变迁背景下的职能运作和调整,以及政府在与社会的互动关系方面的表现。

上述研究是对政府"委托—代理"理论所呈现的多重"委托—代理"关系予以一般性的总结和考察。总体来看,中央政府的国家意志对地方政府行为起到了决定性的作用。这表现在,由于中国的中央政府控制了地方政府的人事权,又通过转移支付加强了对地方政府财政权的约束,因而"下级政府既缺乏与上级政府的谈判力,也缺乏足够的动力同上级讨价还价"。② 但是,也有学者提出了相反观点,即多层级的"委托—代理"链条会弱化中央政府对基层政府的控制与协调功能。具体而言,基层官员的行为不容易被监管;而且由于基层政府更了解基层社会的偏好,因此可能具备了更多的话语权。基于此,以周雪光为代表的学者从国家的角度分析了"逐级代理制"的应对机制所存在的潜在危险,"当政府默许或鼓励下级政府因地制宜时,后者可能按自己的意图解读实施政策,随着政策实施过程的展开,执行灵活性越来越大,与这一主线的偏差距离越来越大,导致与原政策相去甚远的结果"。③ 由此,我们看到了"委托—代理"关系下的政府组织结构本身在实际运行过程中出现了问题。就义务教育政府管理体制而言,下级实施政策与上级规划政策之间的偏差,不仅反映了区域性的教育差异,更为重要的是,它们隐含了对权威体制的挑战。区级政府可能不再是市级政府行政命令的被动接受者,而是扩大区域教育不均衡现状的始作俑者。当然,上级政府已经采取了教育财政转移支付机制和教师流动制度,两者均是政府为缩小区域教育差距而采取的较为普遍的弥补形式。前者旨在缩小教育投入的差异,后者旨在缩小师资力量的差异。通过对以上两种弥补方式的研究文献的梳理,

---

① 张志红:《当代中国政府间纵向关系研究》,天津人民出版社 2005 年版,第 10 页。

② 张永生:《政府间事权与财权如何划分》,《经济社会体制比较》2008 年第 2 期。

③ 周雪光:《权威体制与有效治理:当代中国国家治理的制度逻辑》,周雪光、刘世定、折晓叶编《国家建设与政府行为》,中国社会科学出版社 2012 年版,第 7—32 页。

本书试图发现在它们无法有效发挥应有作用时隐藏在其身后的政府管理本身的问题。

(一) 教育财政转移支付

在中国多级政府的纵向管理体制中，上级政府有权决定下级政府的收支划分。在横向政府之间，财政收入、人均收入方面的地区差距和城乡差距却在不断扩大，2002年中国已成为世界上贫富差距最大的国家。[1]为弥补地区之间由于财政能力不足而造成的公共服务扩大的差距及实现基本公共服务均等化目标，政府间的财政转移支付制度是当今世界大多数国家在财政体制方面的一项重要共识。Shah 通过对 OECD 国家以及其余国家的财政制度安排的国际比较研究发现，财政转移支付比例在 OECD 国家达到了 1/3，其中高福利的北欧国家是 29%；发展中国家的地方政府支出的 60% 也来自政府的财政转移支付。[2]

首先，具体到中国，曹俊文和罗良清通过比较 1996—2003 年中国省际财政收入、财政支出的变异系数，发现"转移支付在均等省际之间财力差距起到了一定的均衡作用"。[3] 然而，尹恒等利用中国 2000 多个县级地区 1993—2003 年的财政数据，借鉴收入分配文献中发展出来的收入来源不平等分解法，对转移支付的财力均衡化效应进行的分析表明：上级财政转移支付非但没有起到均等县级财力的作用，反而拉大了财力差距。[4] 与之相似的研究有，曾军平在比较 1994—1997 年转移支付前后省际人均财政收入和支出的基尼系数、变异系数的基础上，发现转移支付前后的不均等指标有所上升，据此他认为"转移支付缺乏均等化效应"。[5]

---

[1] 李实：《中国个人收入分配研究回顾与展望》，《经济学》（季刊）2003 年第 2 期。

[2] Shah A. , "A Practitioner's Guide to Intergovernment Fiscal Transfers", World Bank Policy Research Working Paper 4039, http: //www. worldbank. org/en/research, 2006.

[3] 曹俊文、罗良清：《转移支付的财政均等化效果实证分析》，《统计研究》2006 年第1 期。

[4] 尹恒、康琳琳、王丽娟：《政府间转移支付的财力均等化效应——基于中国县级数据的研究》，《管理世界》2007 年第 1 期。

[5] 曾军平：《政府间转移支付制度的财政平衡效应研究》，《经济研究》2000 年第 6 期。

　　以上是根据全国性的统计数据所做的研究，针对各省的研究结论也并不一致。从河北省的研究来看，实施财政转移支付后，省级政府以下财政转移支付对均衡地区间的财力差距起到了一定的作用。从分项转移支付的横向均等效果来看，一般性转移支付的均等化效果较好，而专项补助也在一定程度上起到了均等化的作用。① 然而，在这一时期，江杰和李志慧通过对湖南省各地区 1999—2004 年财政自给能力与各地获得人均补助额的对比分析、对该省地区间财政转移支付的均等化效应的实证检验，发现株洲市、湘潭市、长沙市三个财政自给能力最强的地区，获得的人均补助分别排在全省第三、六、七位，相比财政自给能力弱的郴州市和娄底市，前三者获得的转移支付要高很多。② 由于上述错位状况的存在，该研究做出了湖南省地方财政转移支付制度未能实现平衡地区财力差异这一均等化目标的结论。

　　其次，上述关注"教育财政转移支付"的研究较多地采用量化分析，多从教育需求—供给角度、资源配置效率角度切入。也有一些研究集中于制度或政策执行过程，例如，马国贤从人均财力的均等化、公共服务标准化、基本公共服务最低公平三种制度入手，考量中国的均等化发展路径，并对农村义务教育的财政制度包括农村义务教育财政转移支付制度进行设计。③ 事实上，在教育财政转移支付政策执行的过程中，已有研究发现，在上级政府转移支付增多的情况下，地方政府在教育投入上存在减少的情况，即教育经费在财政支出上发生了"挤出效应"。④ 魏宏聚也从政策执行角度研究了义务教育的投入政策，发现一些政策失真现象。本应是具有刚性的拨款政策却以学校领导的社会资本作为支撑；贫困生

　　① 张平英：《河北省财政转移支付均衡化效应的实证分析》，《经济研究参考》2006 年第90 期。

　　② 江杰、李志慧：《地方财政能力差异与转移支付均等化效应分析——基于湖南的实证研究》，《地方财政研究》2006 年第 3 期。

　　③ 马国贤：《基本公共服务均等化的公共财政政策研究》，《财政研究》2007 年第 10 期。

　　④ 张欢、张强、朱琴：《农村义务教育经费"挤出效应"研究》，《清华大学教育研究》2004 年第 5 期。

的"两免一补"政策在一些地方象征意义大于实践意义，并认为这些不仅是政策目标的失真，也是政策价值选择的失真。[1] 总之，以上研究是从制度或政策分析的角度探讨教育财政转移支付的合理性，强调从总体上规划政策，征求和评估各种可供选择的方案设计，并确定最适合于既定价值的财政转移支付方案。

再次，由于大多数研究政府行为的社会学者关注"三农"问题，尤其是乡镇企业和地方政府的关系，而直接参与或关注教育变革的社会学者较少，使得从社会学角度研究教育财政转移支付的政府管理体制的质性研究也较少。

郭建如所著的《中国农村义务教育财政体制变革与义务教育发展：社会学透视》，通过四川、江苏等多地的案例研究，以社会学视角将教育制度这一大背景下的农村教育财政转移支付的运行解释得较好，上下级政府间的相互作用也被充分地纳入研究之中。[2] 在中国现有的教育财政管理体制下，一是下级政府在上下级政府间财政收入划分过程中没有很多参与权，这反映出两级政府在财政收入政策制定方面的信息不对称，下级政府没有表达意见的渠道，这一过程中扮演的是相对被动的角色。二是每级的财政支出环节缺乏相应的监督机制，更多的是由下级政府行使支配权，表现出上级政府在权威监管方面的失效。

周飞舟所著的《以利为利——财政关系与地方政府行为》一书里，专门论述了教育专项转移支付在黑龙江省农村地方的状况，指出专项资金起着重要作用，但在分配和使用效率方面存在许多问题，如专项资金的分配流向那些能找（门路）会跑（关系）、能哭会叫的地区。[3] 研究也揭示了地方政府由于无力配套专项资金而出现"假配套"、巧立名目套取

---

① 魏宏聚：《利益博弈下的教育政策失真研究——以义务教育"择校生收费政策"的执行为例》，《中国教育学刊》2007 年第 4 期。

② 郭建如：《中国农村义务教育财政体制变革与义务教育发展：社会学透视》，北京民族出版社 2010 年版，第 2—3 页。

③ 周飞舟：《以利为利——财政关系与地方行为》，上海三联书店 2012 年版，第 55 页。

多部门专项资金的"一女多嫁"现象。究其根源，制约教育财政转移支付制度发挥应有作用的关键问题在于政府组织本身所具有的局限性。县乡政府的"假配套""一女多嫁"行为恰恰说明了上级政府的监管不到位，使下级政府有了逃避责任的意识。而且，在相对落后的农村地区，缺少了与省级政府、市级政府的信息沟通，促使县乡的政府运作体系更趋封闭。如何通过民主的协调机制、监督体制使政府治理发挥更好的作用需要进一步探讨。

最后，需要说明的是，中国的财政转移支付归纳为财力性转移支付、专项转移支付、税收返还三类。后文中将提到的 L 市的市级教育财政转移支付属于专项转移支付，是指资金附带有明确的用途，用于实现各区之间教育均衡化改革的要求。一方面，它可以弥补区（县）的财政缺口，有的区（县）相对而言，其地方税收增长缓慢；另一方面，有的区（县）政府或领导人低估教育所带来的好处，对义务教育的投入不足，为纠正这种不正确的偏好（或偏差），财政转移支付可以视为一种财政激励。但是，正如前文所说明的，转移支付对公共服务均等化的效果是有的，但不明显，有时它会拉大了各区之间的教育差距。原因可能是，由于每个区各自为政，"薄弱区"的区政府对市政府的财政依赖增强，这抑制了它在教育均衡方面的努力程度；"优质区"的区政府为获得上级政府的财政激励，增加了它本身对优质教育的生产能力。

（二）教师流动制度

"流动"概念从广义上说，即劳动力移动，指劳动力从一个地方移动至另一个地方（地域间移动），或是从一个职业转移至另一个职业（职业间移动），或是从某一种产业移转至另一种产业（产业间移动）。① 所谓教师流动，可以理解为教师在大的教育体制内从一个学校到另一个学校的移动。

佛朝晖在对近百位县市级教育局长进行问卷调查、访谈和座谈的基

---

① Ferderlck J. G., *Labor Turnover: Calculation and Cost*, New York: AMA, 1960, p. 7.

础上，指出县域义务教育师资均衡配置执行效果并不尽如人意。原因在于，由于缺乏有效的考核和监督机制，一些地区的支教行为往往局限于形式化；交流教师与受援学校教师的合作、两所学校组织文化上的融合存在困难。① 他还总结了"县域师资配置不均衡""存在增量流动""城乡交流和组织内部流动"三种师资均衡配置模式，明确了教育流动制度受到教育行政部门人事管理权限、政策工具和非正式制度等方面的制约。对于非正式制度，张天雪和朱智刚将影响教师流动的非正式制度归纳为"非权力影响力""传统习俗与习惯""伦理道德观念""价值信仰"四个范畴，揭示出教师流动正式制度的安排只有在与非正式制度相容的情况下才能发挥作用。②

除了从基层教育管理制度切入，还有学者围绕基层教师的利益关系研究教师流动制度产生问题的主要原因：在现行教师管理体制中，教师是"单位人"而不是"系统人"，教师聘任制并没有得有效贯彻落实，而且教师编制动态管理机制尚未建立起来。③ 作为一个"单位人"，教师不仅是一个在教育系统中工作的人，而且他隶属于具体的学校组织。对于组织情感的依附及对组织的归属感会使他愿意留在组织里，持续工作，并不情愿流动到其他地方。这符合价值和信念共享的组织文化特征，即上文所提到的"价值信仰"范畴。

还有一部分教师流动制度的研究侧重于从学术理论上汲取营养，继而做出政府管理部门应给予流动教师相应激励的结论。这些研究视角包括从赫茨伯格的双因素理论分析激励因素对于教育流动的意义；从马斯洛的需求层次理论来论述教师流动与获得尊重、自我实现的需求之间的关系；从人力资本理论来看，人力资本越高，将在市场中获得回报越多，

---

① 佛朝晖：《县域义务教育师资均衡配置政策执行现状、问题及建议——基于县市教育局长的调查分析》，《教育发展研究》2011 年第 11 期。

② 张天雪、朱智刚：《非正式制度规约下的中小学教师流动实证分析》，《中国教育学刊》2009 年第 4 期。

③ 史亚娟：《中小学教师流动存在的问题及其改进对策——基于教师管理制度的角度》，《教育研究》2014 年第 9 期。

具有更强生产力的人将有更多的工作机会。[①]　人力资本理论通常以员工的年资衡量其所拥有的技能与经验。随着教师工作年资的增长，在组织内训练所得到的知识与技术越丰富，而且这些对学校组织是很有益的，这使得教师本身的价值增高，理应获得更多的回报。薪酬对于个人的意义不在于表面上的多寡，而是意味着学术组织的公平性，及其对个人成就与相对潜力的肯定。

　　以上海市徐汇区为例，研究发现当地政府成立了由区长挂帅的社区教育委员会进行区域性教育资源可持续发展的教改实验，形成了教师群体发展的激励机制和人才流动机制，包括更为具体的专项投入保障机制，为交流教师每月发放专项补贴，以及兑现高一级职称的工资待遇等措施。[②]　可以看出，教育政策制定者已经在考察教师流动行为，了解教师的工作组成、角色、作用与责任的情况及不同年资、不同家庭状况、不同心理状况的教师的基本需求和成长需求后，开始做出有关教师流动的相关决策行为。这弥补了过去政府与基层教师需求之间的信息不对称。

　　吕丽艳、张新平对农村现行教育行政体制均进行了较为细致的案例分析，研究了农村基层教育管理权力在县政府教育主管部门、乡镇教育局之间争夺不清的状况。[③]　这是基层政府教育管理结构本身的复杂性所造成的。当地政府对教育系统人事权的控制带来诸多影响，政府应当给予学校更多的自主权。这从另一个角度说明"上层"是关键，政府从更广阔范围内的制度架构对整个教育体系的变革至关重要。[④]

---

　　① Becker, G. S., *Human Capital*, New York: Columbia University Press, 1964; Mincer, J., "Schooling Age, and Earnings", *National Bureau of Economic Research*, New York, 1971.

　　② 谈松华、王建：《教育现代化区域发展模式研究》，北京师范大学出版集团 2011 年版，第 18 页。

　　③ 吕丽艳：《"以县为主"的农村义务教育管理体制运行状况个案调查》，《东北师范大学学报》（哲学社会科学版）2004 年第 1 期；张新平：《对学校科层制的批判与反思》，《教育探索》2003 年第 8 期。

　　④ 葛新斌、胡劲松：《政府与学校关系的现状与变革：以珠江三角洲地区公立中小学为例》，《华南师范大学学报》（社会科学版）2001 年第 6 期。

　　综上，通过梳理以上研究文献，我们发现教师流动制度不仅受到组织内部的推力，如组织文化、组织承诺等，也受到外在环境的拉力，如政府的作用、薪酬福利的吸引力、流动结束后升职机会或成就感等的影响（见图1.3）。① 因此，如果政府仅依靠国家权力对教师流动进行渗透并且未充分考虑以上诸多影响教师流动的内外部因素的话，那么，它所制定的教师流动政策是基于有限理性的，是一种缺乏效率的相对僵化的教育政策，降低了解决区域不均衡办学现状矛盾与冲突的改革效果。

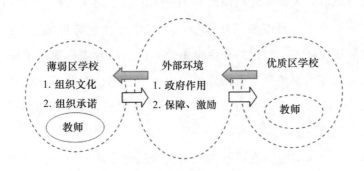

图1.3　影响教师流动的内外因素

　　值得注意的是，如果薄弱区域的优秀教师单向流动到优质学区，将会造成强者愈强、弱者愈弱的局面。如此一来，教师流动制度不但没有缩小区域间的师资差距，反而使得差距进一步加大。因此，区域之间的教师流动应该是双向流动，优质区域派出教师到薄弱区域进行交流，相应地，薄弱区域的教师到优质区域进行顶岗。不过，教师校际流动在优质区域与薄弱区域之间即使是一种双向流动关系，但双方的合作关系也是不对等的，正如吴华等所言，"薄弱学校通常被看成是一个简单的资源获得者，自身拥有的个性化资源得不到充分尊重和有效开发，因此，难

---

　　① 　于洁、丁延庆：《义务教育"区域一体化"制度的探析——基于华东地区某市的调研》，《中国教育学刊》2015 年第 4 期。

以激起自身持续的改革动力"。① 因此，政府还应注意教师在"薄弱区"与"优质区"之间的流向问题。

（三）文献总结与启示

从文献资料来看，与政府"委托—代理"关系相关的研究成果强调地方政府政策执行的外部环境的分析。具体地说，地方政府的教育政策是中央政府、地方领导人、可依附公办教育资源与地方政府共同作用的结果。对于中央政府的委托事宜，作为代理人之一的市级政府，由于受到教育行政部门人事管理权限的制约，它可能更愿意引导各区在区域内的教师流动方式，却致使优质区域的学校整体性优势更加明显。同时，市政府行使代理人使命，为社会提供公共产品的意志也决定了民办教育资源一直处在次要甚至从属的地位。而且，吸纳企业及其所举办的民办学校、使优质教育产品多元化的念头，即使出现在教育官员的脑袋中，也会被迅速打消。

如果将国家层面的政府行为视为宏观层面，政府组织内部的行为视为微观层面，那么中国地方政府组织管理的研究主要集中在宏观层面，无论是研究城乡差距、地区差距的财政转移支付机制，还是探讨教师流动的制度和相关改革，基本针对的是从宏观层面关注政府如何制定教育政策，以及造成的结果远离既定目标与教育现实。已有的从微观层面关注政府组织进行教育改革的问题，大多是指出当前中国教育政策在政府组织、学校组织以及教师层面上存在着种种贯彻与实施不到位的情况，并未清楚地解释教育行政部门改革的根本动因及方式，揭示其作为科层制组织在组织变迁中的内在发展逻辑。

义务教育均衡发展虽然受到了地方政府的普遍关注，但是，无论是对义务教育资源配置的优化、教育制度和政策的改革，还是对薄弱区域的补偿，已有的文献基本都是在行政区划内着眼于保证区域内校际之间

① 吴华、戴嘉敏、吴长平、蔡忠明：《从差距合作到差异合作——对发达地区城区义务教育均衡发展的新思考》，《中国教育报》2008 年 5 月 10 日。

教育权利和教育机会的公平进行的研究。然而，在获得的"权力"并没有制度上的确认和法律上的保障的情况下，市一级教育行政部门是如何超越行政区划的限制，使落后地区和薄弱学校获得切实的教育资源等研究问题是值得在组织社会学研究领域深入探讨的。或许我们可以从个案的角度，以一个市级教育行政部门从弱到强、不断成熟的跨区域合作办学的组织形式的建立和发展过程为研究对象，呈现其在解决组织自身存在问题上所做出的种种努力，揭示其与内外部因素的相互作用及其运行机制。这就是本书的关注点，也是由个案的客观发展程度决定的。

三　关于企业中 M 型组织形式的研究

从 20 世纪起，美国社会的阶级结构、技术进步发展甚至宗教信仰和家庭生活均受到组织规模扩大和复杂程度提高的制约，几乎所有重要的大型组织——医院、学校、监狱、政府机构、基金会等，都采用了企业所开创的组织结构。[1] 20 世纪 20 年代初，钱德勒通过对杜邦公司、通用汽车公司、新泽西标准石油公司和西尔斯·罗巴克公司的研究发现，一种新的组织形式在美国诞生，这就是多事业部结构（Multidivisional Structure），简称为 M 型组织形式。[2] 在这种多事业部结构下，公司由一个总部和多个以产品或地域划分的事业部门组成，每个事业部门又都有自己的职能部门，如生产部门、销售部门、财务部门、工程部门（见图 1.4）。根据钱德勒的解释，公司在推行多元化战略时，必须采用与之相适应的多事业部结构，否则将导致失败。也就是说，M 型组织形式作为任务分工和职责分配的主要基础，替代了企业过去的 U 型结构（即单一型结构）下的职能部门，并将如何更好地获取、配置资源的战略问题交给总部的组织精英来承担。

---

① Presthus, Robert, *The Organizational Society*, New York: St. Martin's Press, 1978.

② 奥利弗·E. 威廉姆森：《市场与层级制》，蔡晓月等译，上海财经大学出版社 2011 年版，第 156 页。

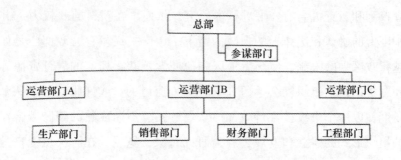

图1.4 企业中 M 型组织形式[①]

之后，Rumelt 从美国最大的 500 家公司中随机抽取 100 家作为样本，比较了它们在 1949 年、1959 年和 1969 年三个时间节点的战略决策与组织结构，从更大的样本范围内支持了钱德勒的预测。他还将公司战略细分为单一业务型、支配性业务型、相关业务型和不相关业务型四种类型。在该项研究的考察期间，多元化公司的数量翻了一番，其中采用多事业部结构的企业从 20% 增加到 76%，其研究解释是"多样化经营战略有力地预示了结构形式的变化"。[②] 随后，Fligstein 将 Rumelt 的样本加以扩展，聚焦的是美国 216 家非金融类的企业，此研究跨越了 1919—1979 年整整60 年。通过梳理资料发现，他的样本中包括了 1919—1939 年、1939—1959 年、1959—1979 年每一个阶段都存在的 100 家企业，因而具有较好的连续性。研究发现，以上企业在第一个时间段采用 M 型组织形式的不到 2%，而在第三个时间段的采用比例则超过了 84%。在 1959 年以后，企业开始接受 M 型结构的趋势非常明显。对此，他的解释是制度因素已开始发挥作用，M 型组织形式已成为一个标准的部门分化形式并被广为接受。[③]

---

① 奥利弗·E. 威廉姆森：《市场与层级制》，蔡晓月等译，上海财经大学出版社 2011 年版，第 157 页。

② Rumelt, Richard, *Strategy, Structure, and Economic Performance*, Boston: Harvard Bussiness School Press, 1986.

③ Fligstein, Neil, "The Spread of the Multidivisional form among Large Firms, 1919 – 1979", *American Sociological Review*, Vol. 50, No. 3, 1985: 377 – 391.

除了在美国之外，M 型组织形式在欧洲的大企业中也得到承认并被采纳。Franko 的研究表明，大多数欧洲大企业在 1968 年之前都是采取 U 型结构或控股公司形式来控制与协调企业运行状况的。然而，1968 年 1 月 1 日欧洲经济共同体成立，其相互贸易的零关税以及美国大企业对欧洲企业所占市场份额地不断挤占，导致后者感受到变革的紧迫感，于是开始进行企业内部的结构重组。① 这是对全球化经济竞争所做出的策略性反映，而国家及其调控政策扮演了重要角色。

基于交易成本理论的框架，威廉姆森从学理上更为细致地归纳了 M 型组织形式的特征。第一，总部与运营部门的分离，使总部的组织精英们获得心理安慰，使他们能够致力于组织的总体业绩，而不是纠缠于各个职能部门运营的细枝末节，从而简化了决策环境。第二，附属于总部的协调部门主要考虑的是战略性决策和对各部门的控制，包括规划、评估，以及在各个竞争性的运营部门之间分配资源。第三，运营决策的具体职责分配给各个运营部门，附属于总部的协调部门的组织精英只是承担咨询和审计的职能。而这两个职能都能确保总部对各运营部门的控制。② 总之，如此的 M 型组织形式目的在于既显示理性，又注重协同增效作用，使得整体大于部分之和。

总体来看，单一型组织结构目标不清楚的状况呼唤着多事业部结构的出现。此种组织结构按产品或市场在职能结构基础上建立分部，不同分部的运作是相对独立的。总部负责监控各分部的运行，并为它们分配相应的资源。而且，总部从经营事务中脱离出来也有利于对下级发挥激励作用。因为，从职能部门的负责人里晋升的人员将到总部从事更具有战略性的决策工作，监督各分部的表现，将资源进行优化配置，对组织

---

① Franko, Lawrence G. , "The Growth, Organizational Efficiency of European Multinational Firms: Some Emerging Hypotheses", *Colloques International Aux C. N. R. S.* , No. 549, 1972: 335 – 366.

② 奥利弗·E. 威廉姆森：《市场与层级制》，蔡晓月等译，上海财经大学出版社 2011 年版，第 157—158 页。

内部进行激励和控制。

　　应该说，国内学界在 M 型组织形式研究领域也取得了很多成果，它为中国学者研究市场和等级制度提供了有趣案例，并在推动中国政府组织研究方面发挥了积极的作用。汪新波将公司内部管理组织看作一个以总经理为塔尖的金字塔形结构，他的研究将职能结构过渡到多分支结构（即多事业部制），划分为三个层次——战略层、职能层和作业层。各层都有独立的管理目标，"当战略层持续并广泛地参与部门事务时，M 型结构就会被破坏"。① 由于在这一过程中，战略层可能无法区分战略性问题和运营问题，问责制也遭到了损害。因此，有效的部门化运作要求战略层与其保持适当的距离。

　　萧鸣政将多事业部制的组织管理特点概括为"集中决策与关键职权，分散经营与独立核算"，② 同时他将该组织形式对人力资源的影响划分为对高层领导人员、基层负责人员的能力开发。对高层领导人员而言，M 型组织形式有利于其综合管理能力、个性解放与创造能力的开发；对基层负责人员而言，M 型组织形式有利于其管理能力的开发，并建立了赛马式选拔高层干部的机制，通过观察比较把能人提拔到最高部门。上述研究结论与锦标赛晋升机制的内涵变得一致起来。单一制国家强调中央政府的主导地位，地方政府的职责权限是中央政府为贯彻施政目标或提升治理能力，根据政府组织的行政授权原则，将若干权限下放给地方政府执行。而中国历次的财政、行政分权改革都是为了调动地方的积极性，分权化改革在中国官员之间呈现出一种锦标赛性质的竞争。③ 因此，企业中 M 型组织形式的相关研究也为政府组织的研究提供了参照模型与广阔视野。我们可以将政府组织视为为居民消费提供服务的机构。具体到本书的研究对象，政府组织为实现教育均衡化的诉求，不仅是采用前文所

---

　　① 汪新波：《对企业性质的重新思考——现代股份公司的启示》，《经济研究》1992 年第 9 期。

　　② 萧鸣政：《人力资源开发与管理》，科学出版社 2005 年版，第 83 页。

　　③ 周黎安：《中国地方官员的晋升锦标赛模式研究》，《经济研究》2007 年第 7 期。

提到的财政转移支付方式或是教师流动制度，更是采取一种专门的组织形式——"跨区域合作办学"。

（一）跨区域合作的组织研究

中国已有的跨区域合作的组织研究多侧重于对中央与地方关系的研究，聚集中央主导和层级节制，对政府间其他脉络关系关注较少。一方面，这类研究是以中央与地方关系涵盖各级政府间的运作框架，研究领域主要围绕水资源、旅游资源和金融资源的跨区域合作。在教育领域，研究主体关注职业教育，主张在职业教育发展速度快和水平较发达地区与落后地区实行跨区域的合作办学。邢晖在《跨区域职业教育合作办学模式研究》一文中按合作办学范围，划分了东中西部合作、省域内职业教育城乡统筹合作和经济圈合作三种形式，并把城乡统筹细分为省域内统筹、地市统筹（跨县）两大类。他指出，跨区域合作目前还缺乏超越于区域政府之上的中央政府的制度支持，致使当前合作协调机制和组织形式都处于一种非制度化状态。①

另一方面，近年来，中国政府在不断探索实行地方政府组织间的协调与合作，大批都市圈、区域合作组织相继诞生，如珠三角城市群、长三角城市群、京津冀城市群。同时，还出现了以省会城市为依托的城市群，如长株潭城市群、武汉城市群和山东半岛城市群。虽然长三角城市群成立了专门的城市群经济协调会并设立了常设联络处，但仅是设于上海市人民政府的协作办公室之下，将联络员改任为办公室成员，在办公室之下设立了联络、专题和财务等部门，而在实际运行中却缺乏实质性权力，存在议而不决、决而不行等缺陷。② 此现象的出现缘由是协调机构的行政级别普遍不高。因此，在政府组织之间的横向合作关系中，离不开上级政府组织或组织精英的督导与协调。而市级政府组织内跨区域的合作办学，更需要加强市政府的参与力度并突出市级政府的统筹地位。

---

① 邢辉：《跨区域合作：职业教育的战略选择》，《中国教育报》2013 年 8 月 27 日。
② 曾凡军：《基于整体性治理的政府组织协调机制研究》，武汉大学出版社 2013 年版，第138—140 页。

的确，跨区域间公共事务的治理离不开政府组织之间的协调与配合。随着区域经济一体化的发展，出现了大量跨区域的公共事务合作，如流域治理、公共安全、公共卫生等。面对这些超越政府组织边界的公共事务时，政府过去传统的组织形式已经无法满足解决这一问题的诉求。中央政府和省级政府虽然拥有一定的权力和政治权威，但它们受客观现实和技术手段的制约，不能有效地协调这一超越行政区划的问题。如来看来，地方政府组织似乎是协调区域发展的不二人选，不过，打破属地管理界限，地方政府尤其是领导人要冒着组织失败的风险。

（二）跨部门的组织研究——公、私立教育结合

早期的制度经济学家认为，交易是一种"运行中的机构"，要保证这种运行中的机构不停地运转就需要"制度"。不同于把"制度"理解为思想的约束规则或者思想惯性，科斯创立的"交易费用"学说，使人们对制度的理解从思想层面发展到经济和社会行为关系的约束。科斯的交易费用概念外延宽泛，将科层制与市场之间的各种组织形态都包罗在其中。公、私部门之间建立起合作关系，也是在对政府供给与市场供给两种资源配置方式的基础上的一种积淀。Eccles 和 White 研究发现，与分部门之间的交易所产生的交易成本，通常会高于与独立部门之间的交易成本。因此，他们倾向于通过与独立部门之间的购买交易来降低成本，而不必从同一公司内部的其他部门处购买。[1] 这在一定程度上舒缓了政府部门间的僵化关系，使得政府组织能从市场中获取自身并不具备的资源或优势。

具体到"公、私立教育结合"的研究，大多是从学生的教育需求角度出发，把学生入学选择行为归为微观经济学中消费者选择理论的一部分。科层制虽然对义务教育的建立和发展发挥了重大作用，但是也有研究提出了不同意见，人们对服务的个别化需求越来越高，将导致传统工

---

[1] Eccles, Robert G. , Harrison C. White, "Price and Authority in Inter-profit Center Transactions", *American Journal of Sociology*, 94, Supplement, 1988: S17 - S51.

业经济中的划一性服务向知识社会中个别化对口服务转化。[①] 公立教育制度是一种政府的垄断，由于缺乏必要的市场竞争约束，家长和学生作为消费者而言，缺乏选择学校的权利，而通过市场选择可以赋予消费者权利、扩大学生和家长的选择机会。教育券制度，正是教育中引入市场体制的基本运作方式。弗里德曼发展了这一思想，允许家长根据所选择的教育项目，对高于教育券部分的费用提供弥补。

　　另外，国内外学者们一致将目光放于私立教育的存在和发展上。美国学者 James 认为，过度需求（excess demand）和差异性需求（differentiated demand）是导致私立教育存在的两个原因。过度需求是指在公立教育供给不足、教育的个人收益较高的情况下，一些人会选择私立学校学习。而在那些具有不同哲学观和宗教信仰的家庭中，差异性需求更受重视。[②] 阎凤桥利用中国 31 个省（直辖市、自治区）2002 年民办教育发展状况和经济发展状况的统计数据，以各级民办教育规模在同级教育规模中所占比例为因变量，以若干经济、文化和政策因素为自变量，采用多元统计回归方法进行统计分析，发现中国民办教育区域发展采取的是一种资源主导性模式或经济主导性模式，区别于国外私立教育发展的文化主导型和政策主导性模式。[③] 20 世纪 90 年代，英国积极探索改革公共服务的供给模式，即 Public-Private Partnership（PPP）。美国哥伦比亚大学莱文（Henry M. Levin）主持领导的"教育私营化全国研究中心"，表明美国社会对教育私营化问题的关注和兴趣。同一时期，中国公立学校通过引入市场机制以此推进"国有民办"办学体制改革的步伐，形式多种多样，"国有民办"学校可以在一定程度上收取学生的有偿受教育费。

　　私立教育除了在供给、需求方面有着独特优势之外，对组织内部成

---

　　① 程介明：《高等教育发展的新趋势：公私合作的政策选择》，《教育发展研究》2009 年第 11 期。

　　② James, E., "Why do Different Countries Choose a Different Public-private Mix of Educational Services?", *The Journal of Human Resources*, 28 (3), 1993: 571–592.

　　③ 阎凤桥：《民办教育规模在同级教育中所占比例的影响因素分析》，《教育研究》2004 年第 9 期。

员也制定了一套明确的激励机制，如家长的满意度、学生的报名人数等。而公立教育缺乏来自消费者行为评价的激励标准。诚然，公立、私立教育的结合能够提供更好的教育服务，但在合作关系的协调过程中应该加强政策法规，以备争端的有效解决。美国和印度等国家已经成立了专门协调 PPP 的机构，前者是以国家 PPP 理事会的形式，后者则是以专门跨越政府内阁部门的工作小组的形式。①

（三）文献总结与启示

西方学者关于企业中 M 型组织形式的研究成果，体现了工商企业在20 世纪社会中发挥的主要力量，并为其他领域的组织提供了参照模型。关于组织形式研究的成就，主要表现在研究企业与国家的相似性上，把政府想象成为居民消费提供服务的机构。为了确保持续有效地利用自身资源，政府也开始扩展它所能提供的服务区域和教育产品，这可能需要改进现有的政府组织形式，如跨区域地提供多样化的教育服务。

首先，虽然市级教育局一般不直接参与区教育局的内部激励机制的运行，但其间接影响可以延伸到区教育局官员的选拔、晋升、内部培训等环节，以此来确保市政府战略目标对各区教育政策的影响。除了激励机制之外，正如丘吉尔等的研究所发现的，总部在组织内部审计和现金流动分配方面也占有优势。② 如此看来，企业 M 型组织形式为中国学者观察当代政府中的组织问题提供了具有创造性的透镜，从中理解政府内部管理层级、相互作用及其所产生的影响是富有意义的。

其次，政府部门和私营部门在公共服务的供给上各有优势，为发挥资源的互补作用，中国学者们早已开始关注市场因素的引入对政府组织的影响。这些研究多侧重于对政府与企业间经济关系的研究，由于经济

---

① 曾凡军：《基于整体性治理的政府组织协调机制研究》，武汉大学出版社 2013 年版，第122—124 页。

② Churchill, N. C., W. W. Cooper and T. Sainsbury, "Laboratory and Field Studies to the Behavioral Effects of Audits", C. P. Bonini et al. eds., *Management Controls: New Directions in Basic Research*, New York: McGraw - Hill Book Company, 1964: 253 –266.

体制改革一直是中国改革的重点，因此许多学者主要关注对中央与地方经济关系的研究，包括财政关系、金融关系和计划投资关系三个方面。而对地方政府与企业及其下属民办学校的合作形式的组织分析较少。本书将私立教育部门视为 M 型组织形式里的一个运营部门，它同其他部门相似，彼此间相互独立运营，且具有竞争性，只是在组织内部激励机制上略有不同。私立教育部门不涉及学校干部选拔、晋升等问题，但是涉及总部（市政府）对组织成员培训、内部资金审计等方面的监管。

最后，在 M 型组织形式中，作为附属于政府的参谋机构——市教育局，似乎可以轻而易举地调动各区（运营部门）之间的教育资源。因为市教育局可以按照既有组织层级结构自上而下地发布策略，区教育局则负责实施策略。但是，就义务教育管理体制而言，市级教育行政部门与区级教育行政部门之间并不是行政上的上下级关系，而只是对其进行松散的指导与监督，对区下属的学校单位更是不介入的管理状态，这种松散关系恰好反映了 M 型组织形式的特点。这样的组织形式为区级政府的自治与发展赢得了生存空间，也为区与区之间的"独立赛跑"提供了竞技场，"各参赛者为了赢得比赛而竞相赶超，为的是取得比别人更好的名次"，[①] 这也是企业 M 型组织形式的特点之一，即各运营部门之间具有竞争性。当市政府一改往日对各区松散的管理方式、干预各区教育资源的调控时，M 型组织形式就不再稳定。如果总部持续地、过度地参与运营事务，或是把总部的规模降到最小，那么总部将失去制定战略决策和结构性决策的能力。[②] 因此，为了自身不失去制定战略决策的权威地位，上级政府在对下级政府完成短期的干预后，将逐渐回到 M 型组织形式的运行逻辑上来。

---

① Lazear, E. Shervin R., "Rank-ordered Tournaments as Optimal Labor Contracts", *Journal of Political Economy*, Vol (89), 1981: 841–864.

② Williamson, O. E., "Administrative Decision Making and Pricing: Externality and Compensation Analysis Applied", Julius Margolis, ed., *The Analysis of Public Output*, New York: National Bureau of Economic Research, Inc., 1970: 115–135.

四 关于新制度主义的研究

新制度主义（new institutionalism）兴起于对行为主义和理性选择理论的反思。它在继承了"制度是一种规则体系"的基础上更广泛地界定了"制度"的内涵，是由社会提供稳定性和有意义的、认知的、规范和管理结构与行为组成的。[①]

新制度理论强调组织是一个开放系统，特别强烈地受到环境的影响，不过对组织产生作用的并不仅仅是理性或效率的因素。对于组织，早期研究者认为需要关注的是制度环境，而不是技术环境。[②] 较晚的一些制度学家认为，制度规范提供了效率标准得以建构的环境和框架，[③] 而技术环境是"与确立目标和达到目标有着潜在联系的所有环境的总称"。[④] 新制度理论发展起来以后，有一点变得越来越明显，就是制度因素影响了技术因素的许多方面。没有任何一个组织是自给自足的，所有的组织都必须与环境发生交换。在这种情况下，为保证资源充足地供应市场，管理者开始制定高效率的工作安排并协调和控制技术活动。

（一）对组织吸纳的理解

关于制度环境，社会学家马克斯·韦伯的研究已经发现，组织受政治和法律结构以及行为规则和一般信仰体系的影响。在组织的外部环境中，围绕着不同利益价值观所形成的利益群体，组织则会出于满足合法性的要求而将某些具有特殊功能的利益群体"吸纳"到组织的决策和管

---

① W. 理查德·斯科特：《组织理论》，黄洋、李霞、申薇等译，华夏出版社 2002 年版，第 124 页。

② Scott, W. Richard, John W. Meyer, "Envirionmental Linkages and Organizational Complexity: Public and Private Schools", Thomas James, Henry M. Levin, *Comparing Public and Private Schools*, Vol. 1, 1988: 128 - 160.

③ Fligstein, Neil, "The Spread of the Multidivisional form Among Large Firms, 1919 - 1979", *American Sociological Review*, Vol. 50, No. 3, 1985: 377 - 391.

④ Dill, William R., "Environment as an Influence on Managerial Autonomy", *Administrative Science Quarterly*, 2, 1958: 409 - 443.

理核心。① 正式的吸纳是指组织公开地进行组织规范关系的建立，如正式的人员任命和聘任、合约的签订等，都是组织决策与管理过程参与的体现。②

新组织要素的进入，使得组织增大了维持自身生存和获得资源的可能性，但也要适应随之而来的外部复杂反应。就开放系统而言，组织通过改变其自身从而适应更复杂的环境。为了实现更高水平上的生存与发展的目标，组织依赖于是否有能力将某些多样的或压制的环境因素吸收到自身中。由此可以看出，制度学家强调目标的象征作用，塞尔兹尼克将目标视为从环境中吸取资源的意识形态武器。③ 外部环境的变化导致了组织管理方法的变化。通过组织目标对外部环境要素施加影响，组织可以与目标相容并具有吸引力的外部要素结成联盟，从而在自身发展的过程中获得更大的灵活性。

对于科层制组织而言，如果组织目标偏离了预定发展轨道，可以通过组织目标与外部环境要素相互施加影响，从而使组织更好地向目标靠近，并在自身发展过程中趋于稳定。这不仅是适应外部环境的反映，也是组织维持自身发展的结果。

（二）对组织决策过程的理解

梅耶等在研究了环境的复杂性对组织结构的影响之后指出，"那些面临更复杂的、片段化的、非统一的环境——即权威或资金的各种不同来源的组织，会形成更复杂、更烦琐、更精细的内部行政管理机构，并且这些行政管理结构的运行程序通常也十分复杂"。④ 因此，政府的内部

---

① Weber, Max, *Economy and Society: An Interpretive Sociology*, Guenther Roth and Claus Wittich, New York: Bedminister Press, first published in 1924, 1968 trans.

② Selznick, Philip, *TVA and the Grass Roots*, Berkeley: University of California Press, 1949.

③ Selznick, Philip, "Institutionalism 'Old' and 'New'", *Administrative Science Quarterly*, Vol. 41, No. 2, 1996: 270 – 277.

④ Scott, W. Richard, John W. Meyer, "Envirionmental Linkages and Organizational Complexity: Public and Private Schools", Thomas James, Henry M. Levin, *Comparing Public and Private Schools*, Vol. 1, 1988: 128 – 160.

会形成精细的行政管理机构，对机构中各层级的行政行为的研究，Simon
是典型的代表，组织中的上层通过权威机制、沟通机制、效率机制以及
忠诚机制，促使组织中的下层放弃个人目标、服从组织目标的运行，从
而使得组织集体行动得以实现。①

　　事实上，政府的上下层级之间的确有着各种冲突性的环境，在决策
中有可能形成复杂的政治过程。制度理论学者试图通过描述组织中客观
存在的政治过程来凸显利益群体的作用，并试图通过政治过程来解释利
益群体参与的决策过程。在这方面，March James G.、Jeffrey Pfeffer 等学
者是其中的典型代表。他们认为，所有的控制工具既不能有效地解决组
织中的利益冲突问题，也不能迫使组织目标具有连贯性和一致性。相反，
他们主张将组织看成一种由多种利益集团、小团体和子文化等组成的
联盟。

　　因此，在组织决策过程中，行动并非按照某种预先期望的方式行动，
而是各种参与者相互讨价还价甚至妥协的过程。由于"利益"和"权力"
的引入，制度学派关于组织决策的分析变得异常丰富。利益的考虑意味
着信息的使用是带有策略性的，而且组织目标并非是连贯一致的，它与
组织决策通常是松散关联的，因此，其他因素也可能影响组织决策的走
向。② 当组织中各种决策者之间偏好不一致时，参与者的各种权力博弈将
很大程度上决定组织决策的结果。拥有最大权力的利益群体、小团体或
单位将会从组织决策中获得不等的好处和利益。

　　为了进一步地理解利益群体决策中的政治过程，斯科特给予了细致
分析：谁参与了决策制定；什么决定了参与者关于某个问题的立场；什
么决定了每个参与者的相对权力；决策过程是如何达到决策结果的，即

　　① Simon, Herbert A., "On the Concept of Organizational Goal", *Administrative Science Quarterly*, 9, 1964: 1 – 22.

　　② 周雪光:《组织社会学十讲》，社会科学文献出版社 2003 年版，第 298 页。

各种不同偏好是如何转化为决策的。[①] 可以看出，组织决策是一个动态调整的过程，而这种动态调整的原因在于组织内部权力的变化趋势。与理性决策模型相比，利益群体之间决策的政治过程并非有什么预先的目标，一切组织决策过程都是组织中政治权力讨价还价的过程，即便有组织既定的目标，组织的决策过程也不会完全按照目标轨迹而稳定运行。

（三）文献总结与启示

从组织与环境的相互作用中可以看出，外部要素通过支持组织的生存与发展而获得一定的组织内部权力。不过，当组织中各种决策者的利益冲突时，组织可能会根据其所忠诚的不同价值观进行划分，与参与者进行不同的讨价还价。[②]

关于场域层次上的制度研究，西方学者聚焦的是国际层面上的商业争端，如 Dezalay Yves 等对一个"国际立法场域"的建构过程进行了案例研究，包括对仲裁者、组织边界、冲突及其解决规则的描绘，揭示出组织决策中的行动者们并不是十分理性，而是会即兴发挥、讨价还价，甚至相互妥协的特点。[③] 该研究表明了组织决策参与者的能动性，在它们相互作用下产生的制度安排可以适应彼此间的差异。

在中国，学者主要关注外部环境对治理机制的选择。荣敬本和崔之元在《从压力型体制向民主合作体制的转变——县乡两级政治体制改革》一书中指出，中国各级政府所普遍实施的目标责任制，实际上是中国特有的"压力型政治"的一种表现和实施手段。一方面，考虑广泛的制度条件。在相互竞争的情况下，各种政策资源、财政资源对地方政府形成了某种"总体性"的压力环境。另一方面，考虑特定的组织治理机构的

① W. 理查德·斯科特：《制度与组织——思想观念与物质利益》，姚伟、王黎芳译，中国人民大学出版社 2010 年版，第 45 页。

② Selznick, Philip, *TVA and the Grass Roots*, Berkeley：University of California Press, 1949.

③ Dezalay, Yves, and Bryant G. Garth, *Dealing in Virtue：International Commercial Arbitration and the Construcion of a Transnational Legal Order*, Chicago：University of Chicago Press, 1996.

设计问题。① 以中国县乡政治体制为例，治理结构的设计围绕的核心是"压力型体制"，书中所描述的方案是，先将上级政府确定的经济发展和政治任务等硬性指标层层下达，然后依据"一票否决"措施对相应单位进行惩罚，最后采取的是从县委（县政府）到乡党委（政府），再到村党支书（村长）的"连坐制度"。以上的方案设计限制了"代理人"的自主权，难以因地制宜地解决当地问题，最终的结果是反作用于制度环境，使上级政府的治理设计不得不加以调整。因此，外部环境因素既有制度因素的影响，也有技术因素的考量。政府与其周围环境因素的互动，将增强政府解决实际问题的能力；而地方政府之间的彼此应对过程对政治运行和国家建设有着深远的影响。

五　关于资源依赖理论及策略的研究

资源依赖理论的形成可以追溯到 1949 年塞尔兹尼克对田纳西流域水利管理局的经典研究。研究发现，作为美国当时所建成的最大的公共机构，田纳西流域水利管理局有明确的目标（如发电、灌溉、修建大坝），在与其周边环境的密切互动过程中，组织原始目标和结构逐渐被拥有不同利益的各方参与者所影响。在他们的共同决策下，当局的经营绩效才有所保证。而且在这个案例中，当地的农业利益群体也在组织具体的项目运行中得以形成。

不久，埃默森发展了权力依赖理论，他运用"权力"概念分析个体行动者之间的权力关系。他强调，一个行动者对另一个行动者的权力，是后者对前者控制的资源依赖性造成的。② 两个行动者有可能为了获得对方的权力，相互依赖程度增加。在描述权力关系时，必须要同时考虑到它的上级和下级。埃默森也解释了相互依赖的可能性，指出在某个领域

---

① 荣敬本、崔之元：《从压力型体制向民主合作体制的转变——县乡两级政治体制改革》，中央编译出版社 1998 年版，第 25 页。

② Emerson, Richard M., "Power–Dependence Relations", *American Sociological Review*, 27, 1962: 31–40.

内，一个组织可能拥有对另一个组织具重要意义的资源，但在别的领域，前者可能不得不依赖于后者，因为后者具有其急需的资源。在这种情境下，相关的组织策略可以促进两者的相互依赖。

随后，资源依赖理论研究的重点由个体行动者明确转向组织间的相互依赖关系，学者们将分析的层面提升到组织层，用资源依赖理论解释各种类型的组织，包括企业、政府机构以及非营利组织。① 资源依赖理论的切入点是自然系统视角，强调企业在"制造还是购买"等选择背后的组织政治。资源依赖理论的缘起是致力于为公司合并的董事会提供一种经济学之外的解释，帮助人们更好地理解那些在市场失灵过程中发挥了重要作用的组织关系，理论核心观点包含以下内容：第一，用社会环境的作用来解释组织对周围环境里其他组织做出的反应。这也是制度理论所强调的，没有任何一个组织是自给自足的，所有的组织都必须与环境发生交换；而且它还强调领导者的作用。第二，组织采取了各种策略来追求自己的利益目标。第三，权力是理解组织内部和外部行动的重要因素。②

除上述以资源交换关系为基础的权力观之外，伯特以网络为基础，将权力界定为不仅具有行动者物质资源和人力资源的功能，也拥有社会资本的功能。社会资本包括行动者与其他行动者之间的社会关系，而处于网络中的行动者具有竞争优势。③ 可以理解的是，位于组织交界处的单元由于特殊的结构位置而具有了与其他行动者互动的条件。为了减少不同行动者之间的摩擦，资源依赖理论认为，各类组织还拥有很多策略手段，如"共同决策""联盟"等策略，它们为研究组织行动者背后的权力

---

① Pfeffer, Jeffrey, "A Resource Dependence Perspective on Intercorporate Relations", Mark S. Mizruchi, Michael Schwartz, *Intercorporate Relations: The Structural Analysis of Business*, New York: Cambridge University Press, 1987: 25 – 55.

② Pfeffer, Jeffrey, "Introduction to the Classic Edition", *The External Control Organizations: A Resource Dependence Perspective*, Classic Edition. Stanford, CA: Stanford University Press, 2003.

③ W. 理查德·斯科特：《组织理论》，黄洋、李霞、申薇等译，华夏出版社2002年版，第124页。

关系提供了视野。

（一）共同决策

塞尔兹尼克（1949）最早指出，共同决策的意义在于加强组织与其环境的关联关系，通过吸纳外部不同价值观的各方参与者来修正和转化原始的组织目标与结构。尤其是在非营利领域，美国联邦政府和州政府非常强调不同社区之间的共同决策，往往将其作为提供资助的前提条件。联邦法律不鼓励甚至禁止营利性的竞争组织之间的共同决策，但是支持甚至要求公共和非营利机构之间通过这种手段进行协作。[①]

基层政府间的共谋行为在中国社会转型过程中已成为一个制度化了的非正式行为。[②]"共谋现象"在很多情况下反映了基层政府为适应当地现状所采取的共同决策行为。根据资源依赖理论，基层政府组织之间共同决策的动力源于对彼此资源的依赖。虽然基层政府合作中参与各方的资源依赖是相互的，但它们之间的资源依赖却不是对等的。这反映在中国官僚体制自上而下的"授权"上，即上级政府掌握着下级政府的人事任免、绩效考核等权力，因此，在上下两级政府之间，共同决策的发生是与彼此权力资源配置有很大的关联。

在共同决策的过程中，基层政府间的不对等依赖也会产生矛盾与冲突，而同一行政级别的地方官员，无论是省市县还是乡镇，都处于一种政治晋升博弈，或者说政治锦标赛状态中，[③] 因此，上级领导的政治动员能力在一些尚未充分建立起来的制度环境下起着重要的调动作用。在上级领导注重某个领域的发展时，下级政府也会尽心尽力地发展，因为获得上级的认同和肯定对个人的考核与晋升有所裨益。

对于"共同决策"组织策略的研究，中国已有的研究主要从政府组

---

① Galaskiewicz, Joseph, and Wolfgang Bielefeld, *Nonprofit Organizations in an Age of Uncertainty: A Study of Organizational Change*, New York: Aldine De Gruyter, 1998.

② 周雪光:《基层政府间的"共谋现象"：一个政府行为的制度逻辑》，《开放时代》2009年第12期。

③ 周黎安:《中国地方官员的晋升锦标赛模式研究》，《经济研究》2007年第7期。

织关系的复杂化、组织间的信息不对称以及基层社会的多样性等议题切入,致力于延伸当代政府治理技术,如激励设置、监督机制,并且引导决策者整合所需的资源,包括授予身份或地位的权力、知识体系以及相应的沟通技能,而这些资源对具体政策的提出与制定具有重要功能。

(二)联盟

联盟是允许相似或不同的组织,通过协调努力来实现共享目标的形式。① 不同于交易成本分析"制造还是购买"的选择,资源的交换形成了组织间的权力与依赖关系,从而使组织不得不考虑自身与资源提供者之间的关系,是否适当地吸纳其参与决策。组织通过获取关键性资源以保证自己的自主地位。Lindblom 指出"了解政府特殊性质的一个简单方式,就是把政府看作是对其他组织行使权力的组织"。② 在教育领域,政府通过制定规章、提供资金以及购买商品或服务作用于学校组织,而且有些政策法规适用于各种公办学校和民办学校。上级政府通过对教育中长期规划、财政转移支付及教师流动制度的制定,以及下级政府的干部人事任免、绩效考核指标的制定,加大了下级政府对上级政府权力的依赖性。

斯科特及其同事们持续关注 1945—1995 年美国医疗保障系统的组织变迁,研究发现医疗保障政策层面都具有很强的专业知识,因此,政府不得不将掌握这些知识资源的利益集团吸纳进决策层中,从而使得政府的决策过程获得合法性,也更容易被公众所认同。③ 除了政府如何吸纳利益集团的研究,一些学者还关注政府对利益集团的管制和分配作用,通过研究政府向私营企业的外包工作,提出政府应设计监督组织行为的管控系统,确保对补贴、资助等社会福利的合理分配。

---

① W. 理查德·斯科特:《组织理论》,黄洋、李霞、申薇等译,华夏出版社 2002 年版,第 191 页。

② Lindbom, Charles E., *Politics and Markets: The World's Political-Economic Systems*, New York: Basic Books, 1977.

③ W. 理查德·斯科特:《组织理论:理性、自然与开放系统的视角》,高俊山译,中国人民大学出版社 2011 年版,第 312—314 页。

　　对于联盟关系的确认，学者们分析较多的是彼此之间谈判达成的协议。这些协议都为组织行动者提供了前进的方向和相应的约束。西蒙对此作过比较简洁的解释：在组织间的决策情境下，一组行动要想被各方接受，就必须满足一系列的约束规则。① 一方面，由于参与者在进行决策时都会带有个人偏好，不可能与组织目标完全一致，因此需要规则的制约。另一方面，一整套的规则一般是不完备的合同，很多可能性不能在合同中反映出来，谁拥有资产的剩余所有权，谁就有权力决定合同规定以外出现的问题以及怎样去解决合同中出现的问题。② 这意味着，在中国的政企联盟关系中，政府所拥有的行政调配命令使其在合同规定以外的地位得到强化。

　　（三）文献总结与启示

　　对于组织交界单元来说，"共同决策"意味着促进组织之间的资源流动与共享。以教育领域为例。过去，可能有一些单位或部门把占有稀缺资源（如信息、师资）当作一种权力而不愿意与他人共享，甚至形成"信息孤岛"。③ 如今，市一级教育局作为组织交界单元，对于教育政策研究与制定可以采用专题分析的形式，各区政府、社区代表、企业负责人等参与者有共同协商的平台，对问题的产生进行梳理和深入分析，进而有效地找到解决问题的关键点。另外，政府与企业及其举办的多所民办学校之间可以形成结盟关系。企业拥有政企结盟所需要的实践教学环境和教师资源。为了使企业目标与政府目标相一致，政府需要做的是激发企业参与合作办学的积极性。

　　在市教育局与组织层级环境之间，同时激发不同区域的参与热情，进而实现上级政府赋予的责任及对民众的积极回应。区政府提供的是属地学校管理的权力资源、政策支持，所获取的是财政拨款、上级政府的

---

　　①　Simon, Herbert A. , "On the Concept of Organizational Goal", *Administrative Science Quarterly*, 9, 1964: 1-22.

　　②　周雪光：《组织社会学十讲》，社会科学文献出版社 2003 年版，第 224—225 页。

　　③　连纯华：《高校信息化建设中的信息孤岛现象》，《教育评论》2009 年第 1 期。

认同。"名校"提供的是学校声誉、人力资源、场地、相关教育知识和技术以及对政府的支持，所获取的是政策支持、财政拨款、教师编制以及品牌提升等。"分校"提供的是人力资源、场地等，所获取的是政策支持、财政拨款、学校声誉的提升。

从资源依赖的角度看，对于"跨区域合作办学"的组织形式，市级教育局可以采取共同决策、联盟的组织策略，实现组织层级间资源互动的桥梁，不过这一切必须在政策环境的驱动下才能形成与发展。采取这样的组织形式的原因是获取各自所需的资源，包括人力资源、信息资源、声誉资源、政策资源、财政资源、契约资源等。那么，政府的教育管理体制在什么情况下启动与利益群体的资源互动是值得首先回答的呢？"共同决策"不是随时随地都在进行的，它是市政府在教育管理问题发展到一定阶段不得不产生的组织策略。中央和省给予的政策资源提供了它滋生的环境。在中国，区和县（特指县级市）的行政级别是相等的，不过一个县政府常常被看作当地的"土皇帝"，又或者处于"省管县"的范畴。然而，区不同于县，权力没有那么大。因此，区政府的排他能力不是很强，受到市政府人事任免和绩效考核的制约，这也便于市政府采取"共同决策"的组织策略。事实上，在政府内部，上级制约下级最有力的手段就是人事任免。①

"共同决策"的一个表现形式在于，政府组织内部的对话启动。政府组织中的对话活动指向特定的、具有相关利益目标的群体，也就是本书所指的利益群体。要打破属地管理的矛盾，必须启动对话模式。政府部门可以设立专门的协调机构、项目小组、改革委员会，由相关负责人召开紧急的磋商会议，并将会议由最初的政府垂直关系引导为横向的平等关系。由于政府组织层级涉及的单位较多，有下级政府组织、学校、企业组织及其个体，从而决定了利益群体的差异性较大。当他们因资源交

---

① Wood, B. D. , "The Dynamics of Political Control of the Bureaucracy", *American Political Science Review*, Vol. 85（3）, 1991: 801 - 828.

换不对等出现摩擦和矛盾时，政府组织中的协调人员就成为本次改革中不可或缺的一员。他们的能力、技术水平都是影响资源交换实现与否的重要因素。在组织决策中，行动并非按照某种预先期望的方式行动，而是各种参与者讨价还价的过程。[①] 为了在市域范围内优化配置这些教育资源，共同决策者们对教育资源配置方案的集合进行考察。一般地，先由市级教育行政部门提供方案集合，然后各方协商，政府可能会采取劝说、动用私人关系等手段进行协调。在此基础上，各方对资源的使用达成意见一致，形成超越行政区划的组织合作关系。

综合以上文献研究可以发现，对于科层制组织的自身问题，不论是利益群体的共同决策，还是跨越组织边界的政企联盟，都需要从外部环境中获得一定程度的动员力量，还需要花费政府管理者的时间与精力。就本案例而言，区政府不仅是市政府所做教育决策的被动执行者，而且是一方经济社会发展的负责者和教育事务的掌控者，因此，启动与区政府的合作办学平台需要相对强大的政策环境的支撑。

---

① Pfeffer, Jeffrey, *Power in Organizations*, Marshfield, MA: Pitman, 1981.

第二章 研究设计

相关文献的梳理为本书研究的问题提供了重要思路。从上述文献来看，要深入研究市教育局的"纠偏"离不开它所处的中国政府主导的义务教育管理的科层制。本书探讨了影响科层制的纠偏机制确立与发展的内外部因素，同时还关注了"纠偏"中所呈现的科层制固有结构。

第一节 理论基础

本书致力于研究在 L 市的教育均衡化改革中，市教育行政部门为实现市域教育均衡目标和任务，在原有教育管理体制基础上，将企业以及企业参与举办的民办学校吸纳进来，决定进行跨区域的"名校办分校"的组织形式。而科层制对"纠偏"过程的影响将在其孕育、产生、发展、确认的每个时期都得以生动反映。科层制面临的外部环境在决定组织形式、组织关系等方面发挥了重要作用，同时科层制组织也会通过各种组织策略手段对内部要素进行适当的加工和修正，以达成特定组织目标。这为本书提供了基本的科层制理论视角，在此基础上的科层制纠偏机制成为本书的理论核心问题。

一 科层制理论

（一）科层制组织

德国社会学家马克斯·韦伯在 20 世纪初首先注意到了科层制组织

（bureaucracy）这一组织现象，并将其放在历史比较分析的框架中，阐述了这一组织的特点和历史意义。层级制结构和等级化权威的原则意味着一个严格的上下级秩序体系，其中的每个下级机构都受到一个上级的监督。①

伴随着资本主义的出现，科层组织应运而生。韦伯将传统权威、法理权威、感召权威统称为"理想类型"（ideal type）。基于法理权威的非人格因素和形式结构的最高形式是科层制。科层制区别于传统的行政形式，周雪光将其特征归纳为以下三点：一是有非常严格的规章、等级制度，通过其来提高组织效率；二是科层组织内的官员是受过专业训练的，在组织里有自己的职业生涯，由于权力和职位相关联，因此这些专业化人员的职业生涯所追求的是在组织里不断晋升；三是科层制组织是建立在法理权威基础上的理性组织。②

在关于韦伯式理性组织的研究中，许多学者结合实际探究现实中的组织现象。布劳在《科层制的动态研究》一书中分析了美国两个分管社会福利的政府机构，尤其关注科层制在具体组织中的体现，包括政府制定法规、提供财政经费、采取强制性手段。③ 匈牙利经济学家科尔奈将科层制视为经典社会主义体制下运用范围最广泛和发挥作用最大的协调机制：官僚直接控制计划，以行政命令执行计划，并采取命令式手段进行管理。尽管科层制也会采取诱导、说服和规劝等手段，也会进行一定的奖励和惩罚，但目的都是迫使下级执行命令。科尔奈还运用财政软预算约束、讨价还价和"父爱主义"等概念分析了经典社会主义体制下政府与国企的关系，其中"父爱主义"是指上级与下级之间、上级机关与管

---

① Weber, Max, *Economy and Society*: *An Interpretive Sociology*, *Guenther Roth and Claus Wittich*, New York: Bedminister Press, first published in 1924, 1968 trans.

② 周雪光：《组织社会学十讲》，社会科学文献出版社 2003 年版，第 11 页。

③ 彼得·布劳，马歇尔·梅耶：《现代社会中的科层制》，马戎、时宪民、邱泽奇译，上海学林出版社 2001 年版，第 2 页。

理层之间典型的社会关系。①

　　渠敬东等也对科层制的概念做了细致的描绘，它是指行政官员均受过严格的专业训练并具有丰富的行政经验，任期固定，职责明确；行政机构设计合理、分工明确、具有严格的职位等级结构和服从关系；行政机构强调技术化、形式化规则的约束和严格按照程序办事的规范，以行政效率和程序公正为行政之基本准则。②

　　（二）科层制组织的局限性

　　早期制度学派的代表塞尔兹尼克发现了组织的周边环境中存在着忠诚于不同价值观的利益集团，他们控制了许多政策的制定规则和交流通道。③ 制度学家发现，组织是一个政治利益的联合体的立场，其决策过程是各种政治力量相互冲突、相互妥协的结果。④ 也就是说，组织的决策能力受到各方所能得到的有效信息的制约。因此，在利益集团相互冲突、相互妥协的过程中，信息不对称就成为影响科层制组织发展的首要问题。

　　第一，信息不对称导致拥有信息的一方有着更大的谈判优势，使其在实际运行过程中具有相对独立性。⑤ 因此，当不同利益相关群体参与决策时，应满足各种利益相关群体的信息需求。然而，在中国政府间的权力结构下，各级地方政府的行政责任主要是上级政府安排的，其进入上级组织的领导决策层以反映其所代表的群体利益是相当困难的。因而中国的上下级政府之间缺乏可靠的沟通平台。而这种沟通平台不仅是解决信息不对称的渠道，更是为了实现组织特定目标而建立的特殊机制的需要，如企业 M 型组织形式的层级变形等。

---

　　① 科尔奈：《社会主义体制：共产主义政治经济学》，张安译，中央编译出版社 2007 年版，第 65 页；郭建如：《中国农村义务教育财政体制变革与义务教育发展：社会学透视》，北京民族出版社 2010 年版，第 19—21 页。

　　② 渠敬东、周飞舟、应星：《从总体支配到技术治理——基于中国 30 年改革经验的社会学分析》，《中国社会科学》2009 年第 6 期。

　　③ Selznick, Philip, *TVA and the Grass Roots*, Berkeley: University of California Press, 1949.

　　④ March, James G., *Decisions and Organazations*, Oxford: Basil Blackwell, 1988.

　　⑤ Wilson, James Q., *Bureaucracy: What Government Agencies Do and Why They Do It*, New York: Basic Books, 1989.

第二，权威监管的失效。在教育系统内部，各级政府形成了精细的行政管理机构。原本，组织中的上级通过权威机制和沟通机制等，促使组织中的下级放弃自身的目标并遵从组织目标。然而，下级组织的资源并不依赖上级组织的特点可能会在一定程度上弱化甚至颠覆正式权威的存在，造成权威监管的失效。一旦权威监管失效，其结果就是下级实际目标偏离上级组织预定目标。而且，为了确保政策运行过程中各项活动的合法性、合理性和有效性，及时纠正各个环节中出现的偏差，提高决策目标实现的程度，保障公民和组织的合法权益，有必要对政策运行过程的各个环节进行检查、督促、指导和纠偏。[①] 从学者的观点来看，权威监管的失效可能出现在整个政策运行过程中的各个环节，为确保政策实现预期目标而进行的对各个环节的监督，这个过程本身也是科层制纠偏机制形成的过程。

第三，有限理性。自斯密提出"经济人"观点以来，经济学家就假定经济活动的主体是理性的，其中各个学派的分歧主要体现在对理性的界定上。主流经济学则假定"经济人"是完全理性的，它了解过去、现在和未来的一切状态。然而，赫伯特·西蒙在20世纪50年代提出的"有限理性"概念针对的就是上述完全理性模式这一前提假设，即人们的决策行为不是按照"最大化"原则且不能够同时考虑所有面临的选择，并从中选择出最佳方案的潜在预设。西蒙在观察组织决策的实际运行过程中发现，人们信息加工的能力是有限的。因此，人们无法按照充分理性的模式去行为，即人们没有能力同时考虑所面临的所有选择，无法总是在决策中实现效率最大化。人们只能在有限理性的范围内行为。[②] 因此，人们进行选择的原则往往不是"最大化"，而是"满意"原则。同样的，由于涉及各种利益相关群体的利益再分配、利益消长和利益竞争，

---

① 宁骚：《公共政策学》，高等教育出版社2003年版，第436页。
② 赫伯特·西蒙：《现代决策理论的基石》，杨烁等译，北京经济学院出版社1989年版，第20页。

政府也没有能力同时考虑所面临的所有选择。① 因此，出于满足合法性的要求，政府可能无法在决策中实现效率最大化。这符合制度学派所研究的同一制度环境下组织的结构与行为的趋同性现象。

以上观点是对韦伯式的理性组织的挑战，使我们不得不承认科层制组织的局限性是一种复杂而真实的存在。正是这些局限性使得上下级意图无法摆脱偏离的命运。因此，在原有的科层制下，不管上级政策的价值取向、变革目标、变革过程如何正确，都不可能完全避免上述三种局限性的存在。在一个具体的政策执行过程中，这三种局限性或者单独发生，或者同时发生，大多数情况是交互地作用于科层制组织。这在很大程度上反映了科层制组织的常规状态。由此，科层制呼唤着一种适应外部环境的独特能力来弥补局限性，即政治动员。

（三）政治动员

冯仕政对"政治运动"与"运动式治理"从本质上做出区别并提出两个共同点：一是它们都是国家发动的，国家机构在这些运动的动员和组织过程中扮演着核心角色；二是在运作方式上，具有明显的非制度化、非常规化和非专业化特征。② 基于此，他将"政治运动"与"运动式治理"统称为"国家运动"，并将其放入社会学领域进行研究。

科层制组织面临着各种制度要求的影响，特别是外部环境的复杂性与不一致性。一旦中央政府采用专断权干涉、打断科层制的运行过程，意味着在短时间里通过运动形式将基层政府的注意力、资源和组织关联高度动员起来，以实现某一目标和任务，或解决某一特定问题，以上是周雪光归纳的"运动型治理机制"的核心内容。③ 而且，运动式治理会导致昂贵的治理成本，只能是暂时和局部的，并不能替代科层制的常规运

---

① 秦玉友、孙颖：《学校布局调整：追求和限度》，《教育研究》2011 年第 6 期。

② 冯仕政：《中国国家运动的形成与变异：基于政体的整体性解释》，周雪光、刘世定、折晓叶编《国家建设与政府行为》，中国社会科学出版社 2012 年版，第 33—70 页。

③ 周雪光：《权威体制与有效治理：当代中国国家治理的制度逻辑》，周雪光、刘世定、折晓叶编《国家建设与政府行为》，中国社会科学出版社 2012 年版，第 7—32 页。

作过程。与之类似的研究有，应星将运动式治理方式视为我国政府惯用的垂直命令、政治动员的方式，"在某些特定的时期集中调动力量、配置资源，解决一些比较尖锐、比较突出的矛盾和冲突，这种治理方式的特点是行政主导、不计成本、一刀切、一阵风"①。这反映出政治动员对科层制组织产生了巨大的控制力量，既控制其组织形式和组织注意力，又强调组织的灵活性和能动性，这反映了政治动员对具体环境的适应与配合。

作为中国特色的社会治理方式，国外学者对中国国家运动也表现出浓厚的研究兴趣。Bennett 从国家控制、政党领导的角度分析中国国家运动的社会功能与表现，侧重通过对大规模运动中的反抗与不服从现象的研究，解释了人类意志难以被国家控制的原因。② Jonathan Schwartz 对中国政府应对"非典"危机时的政治动员过程中的意识形态、人员组织及领导干部进行了细致研究。③ 不过，这类只关注单一运动的研究并没有对政治动员形式由科层制组织内化，又受外力所控制的特点进行细致分析，从而不能有效地呈现某一政治运动的发展轨迹变化。

以上讨论的中央政府"国家运动""运动型治理机制"，已经打断了原有的科层制运行状态，进入了具有号召力的某种纠偏状态。相比国家层面，地方政府层面并没有直接的专断权来干涉官僚体制的运行过程，而是根据上级政府及当地领导人所赋予的责任，暂时叫停一些科层组织的常规活动，动员所有力量解决棘手问题。具体到教育领域，科层制组织存在的问题所导致的地方政府教育决策的扭曲已经引发学者的关注。雷万鹏在对义务教育学校布局调整做了深入探讨后，发出"什么样的制

---

① 应星：《超越"维稳的政治学"——分析和缓解社会稳定问题的新思路》，《人民论坛（学术前沿）》2012 年第 7 期。

② Bennett, Gordon, "Chinese Mass Campaigns and Social Control", A. A. Wilson, S. L. Greenblatt, and R. W. Wilson (eds.), *Deviance and Social Control in Chinese Society*, New York: Praeger, 1977.

③ Jonathan Schwartz, R., Gregory Evans, "Causes of Effective Policy Implementation: China's Public Health Response to SARS", *Journal of Contemporary China*, Volume 16, Issue 51, 2007.

度安排有助于矫正地方政府在学校布局调整政策实施中的偏差行为"的疑问。[①]

二 对本书的启示：用科层制纠偏机制修正科层制组织的局限性

图2.1显示了外部环境与政治动员对科层制组织变迁的影响。总体来讲，外部环境分析强调科层制固有环境中强制性、规范性的制约，"纠偏"的产生是科层制组织为符合上级目标而做出的组织形式的变形，以期为修正科层制组织的局限性提供组织场域。而政治动员适用于处于组织边界上的单元在纵向关系、横向关系上发挥核心地位，成为修正科层制组织局限性的内部调节手段，从而影响着上下级目标不断靠近。因此，该理论关系是建立在对科层制的常规状态的理解上，着重从组织的外部环境来理解纠偏的内部运行机制。

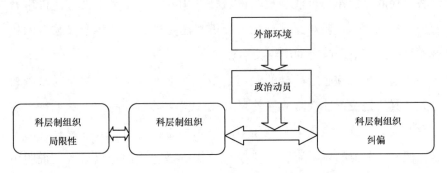

图2.1 理论关系

具体到案例市，从市教育局的角度看，外部环境内的制度要求并非是统一的。一方面，中央政府将义务教育阶段的管理权赋予了区（县）级政府，各区政府拥有各自的行政管理机构，自主管理属地内的小学和中学；另一方面，由于市域内城区教育不均衡的现状，中央、省、市三级政府的意图均是市级政府要履行好市域教育均衡化的责任。那么，如

---

① 雷万鹏：《义务教育学校布局调整——研究进展与难题破解》，《华中师范大学学报》（人文社会科学版）2014年第5期。

何对常规教育管理体制下的不均衡办学行为进行改革呢？上述理论关系图给了我们一个重要的启示：在政治动员的情况下，科层制的局限性被修正，组织开启纠偏机制的运行。然而，科层制的局限性是根深蒂固的，因此科层制的纠偏机制不会是一帆风顺的。

虽然上级意图界定了组织目标，但由于行为约束或认知受限的环境，利益行动者并不能有效行动。[①] 中央政府、省级政府在市域教育均衡的改革方面制定了各种法律法规，包括财政扶持与考核规定，其目的是为市域统筹教育均衡发展提供助推力以及正负激励手段。市级政府也会提供更加具体可行的政策支持，如财政转移支付机制、教师流动制度、增加教师编制以及对区政府、局属学校干部任免、绩效考核的规定及标准等。但是，随着国家治理建设不断地向基层社会渗透，使得区政府成为教育公共产品的法定供给者的意识已深深植入区政府官员的脑中。区政府对区教育局的保护作用可能会成为市域教育均衡化的主要阻力，使得市教育局的权威弱化。要对此进行深入分析就需要进一步考察上级政府的权威作用以及上下级政府的层级关系等问题。

在上层政府和底层社会的包裹之中，处于夹心层的市教育局基础教育处，其所处位置独特而敏感。"如果承认组织本质上是个开放系统，那么它们的边界就一定是个筛网而不是甲壳，能够阻挡不适宜或有害的要素，但允许需要的要素流进入。"[②] 优质民办教育资源得以进入，说明市教育局为实现市域教育均衡的组织目标而对科层制组织外部要素进行了政治动员。虽然"跨区域合作办学"的组织形式有别于过去传统的政府层级管理形式，政府采取"上下级动员"的方式与企业联盟，但是市教育局基础教育处依然对义务教育没有直接控制权力，其他动员方式可能会成为考虑。Roethlisberger 等以及 Gross 的研究强调非正式结构的积极作

① DiMaggio, Neil, "Interest and agency in institutional theory", Zucker, Lynne G. , *Institutional Patterns and Organizations*: *Culture and Environment*, Ballinger Publishing Co. , 1985: 3 – 21.

② W. 理查德·斯科特：《组织理论：理性、自然与开放系统的视角》，高俊山译，中国人民大学出版社 2011 年版，第 171—172 页。

用，即促进交流、增强信任和弥补正式体系中的不足等，进一步解释了人们的情感逻辑以及人际关系的差异化。[①] 要对此进行深入分析就需要进一步考察市教育局对科层制组织各层级的动员方式、其所占据的地位以及解决层级间的冲突等。

总体来看，在外部环境的压力下，政治动员活动的开展有助于突破"上传下达"的科层管理秩序的局限性，其影响主要在三方面发挥作用：一是有利于信息的传播，信息公开不仅得益于共同决策，而且相关契约的公开制定，也可以保证不同利益群体用契约来检查彼此的承诺是否实现。二是弥补有限理性的不足，增大组织维持自身生存和获得资源的可能性。政府短期内广泛吸纳和咨询利益群体。正式的吸纳是指组织公开地进行组织规范关系的建立，如正式的人员任命和聘任、合约的签订等，都是组织决策与管理过程参与的体现。[②] 三是树立权威监管。在以上的互动过程中，利益群体通过建立强制性契约机制，确保参与方与政策目标保持一致。换言之，集体合同在一段时间内统一了利益群体间复杂的多边关系，而在涉及检查阶段性任务的完成情况时，也确认了上级政府的监督与检查职能。

本书尝试在科层制理论基础上发展一种适应中国基层教育改革的修正式的作用机制，既考虑外部环境对科层制纠偏机制产生和发展过程的影响，也对政治动员如何影响科层制组织内部的横向与纵向关系加以分析。

[①]　Roethlisberger, F. J. , William J. Dickson, *Management and the Worker*, Cambridge, MA: Harvard University Press, 1939; Gross, Edward, "Some Fouctional Consequences of Primary Controls in Formal Work Organizations", *American Sociological Review*, 18, 1953: 368 – 373.

[②]　Selznick, Philip, *TVA and the Grass Roots*, Berkeley: University of California Press, 1949.

第二节　研究设计

一　概念界定

(一)"跨区域合作办学"组织形式：一个完整事件的叙述

本书以 L 市教育局"跨区域合作办学"政策为研究对象。研究时间主要设定在 2013 年 11 月至 2014 年 9 月初，根据市域教育均衡政策发展的时间顺序及重大事件的影响力划分为四个时期：孕育时期、产生时期、发展时期、确认时期（见表 2.1）。

表 2.1　　　　　　"跨区域合作办学"组织形式的重要事件

分期	时间	重要事件
孕育时期	2013 年 11 月	党的十八届三中全会提出"深化教育领域综合改革"
	2013 年 12 月	义务教育"区域一体化"合作办学签约仪式①
	2014 年 7 月	《山东省教育厅等五部门关于全面改善我省贫困地区义务教育薄弱学校基本办学条件的实施意见》颁布
	2014 年 7 月	B 区民众两次到市政府上访，不满"就近入学"政策
产生时期	2014 年 7 月 23 日	L 市委"一把手"做出批示
	2014 年 7 月底	市教育局领导到华青公司调研，商讨吸纳民办学校的有关事宜
发展时期	2014 年 8 月 6 日	"跨区域合作办学"调度会
	2014 年 8 月 13 日	"跨区域合作办学"座谈会
	2014 年 8 月 19 日	"跨区域合作办学"推进会
确认时期	2014 年 8 月 28 日	"跨区域合作办学"签约仪式准备会
	2014 年 9 月 1 日	公办或民办名校与公办老校合作办学协议生效时间②
	2014 年 9 月 1 日	民办名校（D 校）的教师团队派不进 C 区的公办学校

注：①A 区的两所名校扶持 J 区新建的两所学校；W 企业出资兴建这两所学校并承担 3 年的合作办学经费 620 万元。三方合作办学时间为 3 年。②公办或民办名校与公办新校的合作办学协议生效时间是 2016 年 9 月 1 日。

1. 孕育时期

在原有的科层制下，中央政府和省级政府的政策法规使得外部环境中给予教育均衡化的政策资源日益强大。尤其是党的十八届三中全会的精神，使得 L 市教育局在 A 区、J 区率先进行有益的尝试，探索"跨区域合作办学"组织形式的可能性，并为全市各区大范围的合作办学埋下伏笔。

2. 产生时期

市委、市政府"一把手"的批示打破了市教育局日常性的事务安排。因为市域教育均衡化的目标在原有管理体制下无法得到有效解决，于是科层制从原有的 M 型组织形式中脱离出来，纠偏机制开始运行。通过对科层制组织环境的审视，市教育局决定利用吸纳企业及其优质的民办学校，借着"一把手"批示的东风，正式开启"跨区域的合作办学"的组织形式。

3. 发展时期

市政府与 A、B、C、D 四区，市教育局局直属学校，企业等利益群体采取共同决策的组织策略，以期实现政企结盟。主要表现在两个方面：第一，从单纯的召开会议、提供合作方案和合作协议向利益群体之间的座谈、商讨转变；第二，组织精英在科层制中的工作理念逐渐从控制主导向协调、劝说转变，通过密集式会议，个人的理念逐渐倾向为利益群体的共同价值。

4. 确认时期

新的组织形式的确认。通过签订组织内的契约，使得各方的权利与义务均在契约内有所反映。这意味着科层制上级目标和下级目标的一致性得到强制性的确认。不过，这一时期也出现了与合作协议生效时间相互背离的事件，即 D 校的教师团队派不进 C 区，使得科层制组织走入了"纠偏机制"弱化的境地。

（二）科层制组织

前文中已经论述过"利益群体"的概念，即政府组织的活动所指向特定的、具有相关利益目标和资源的群体。为了更好地说明利益群体的组成，需要理清目前 L 市市区的基础教育管理组织及其层级关系。如图2.2 所示，L 市存在市、区两级教育行政部门，实线箭头表示行政管理上的控制关系，虚线箭头表示非控制关系，从中可以看出 L 市任意一所学校的性质以及"归谁管"。L 市市区的高中和部分初中（如后文将会提到的市实验中学、39 中、58 中）属于市教育局直管，即"局属初中、高中"。其余初中和全部小学划归所在区的教育局直管。与此同时，教育人事管理体制中也存在着市、区两级不同行政主体之间的归属问题。谁掌握了人事权力，谁就掌握了对校长和教师的资源配置权。本书将教育人事权主要分为两个方面，一是校长的任命权力，二是教师的录用、分配、调动权力。公办学校教师均是指编制内的正式教师，民办学校的教师并不如此。

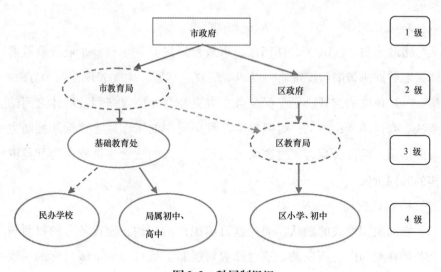

图 2.2   科层制组织

至此，本书所指利益群体包括图 2.2 中的四个等级，分别是处于第一等级的市政府；第二等级的市教育局、区政府；第三等级的市教育局基础教育处、区教育局；第四等级的公办学校及民办学校。

根据汪新波对 M 型组织层级的划分,[①] 以上利益群体可以分别归纳为:(1)战略层(市政府)。战略层的基本功能是对职能层的人、财、物等资源进行资源配置。从 2012 年起,L 市政府加大对 C 区、H 市、I 市等义务教育薄弱区(市)的转移支付力度,支持其中的薄弱学校的建设,旨在缩小这些区(市)人均财政教育经费支出水平与全市平均水平的差距。市教育局是战略层附属的参谋机构。

(2)职能层(区政府)。战略层的政策法规为职能层的运作提供了制度性框架。作为作业层的直接管理者,职能层的态度与管理措施直接影响着作业层的实际运行。以 A 区为例,2012 年 L 市将 A 区作为中小学教师区域内交流试点区,令其承担教育体制改革试点项目。不久,A 区制定《"十二五"优秀教师交流制度》,提出辖区内的学校教师"人走关系走"式的流动方式。区教育局是职能层附属的参谋机构。

(3)作业层(公办学校、民办学校)。作为教育组织的作业层,学校的本质责任在于"育人"。那么,对于学校应该培养什么样的学生,如何进行培养,不同属性的学校(公办学校、民办学校)之间即使会产生不同的人才培养模式,但都在战略层和职能层所绘制的"条条框框"之内。而且,公办学校的人才培养模式还会受到职能层的财政状况、学校办学基础等情况的严重制约。

(三)科层制组织纠偏

面对科层制组织本身的局限性,"跨区域合作办学"组织形式是重要的改革依托。在新的组织形式中,原有的四级等级制已被打破,形成了战略层、职能层、作业层的平行组织架构(见图 2.3)。

战略层是由市政府中与教育部门联系最密切的组织精英构成,它将教育活动与政府资源联系起来。不可否认,组织精英对组织发展路径具

---

① 汪新波:《对企业性质的重新思考——现代股份公司的启示》,《经济研究》1992 年第 9 期。

有决定性的影响作用。① 在本书中，战略层是指市政府分管教育工作的副市长（W）及市教育局局长（D）。他们也是下文所提到的市委、市政府"一把手"批示中的责任人。在与外部环境、其他层级的作用过程中，他们承担起维持组织形式的稳定、决定组织发展方向的职能。他们对政策资源的理解、组织层级间关系的敏感程度和协调能力对科层制纠偏起到了促进作用。

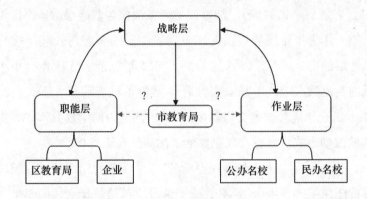

图 2.3　科层制纠偏——"跨区域合作办学"组织形式

　　A、B、C、D 四区政府作为职能层的固有成员具有属地义务教育管理职能。每一个区（市）政府均设有专门负责教育工作的行政部门，有的称作教育局，有的称作教育体育局（简称教体局），本书统称为区教育局。与市教育局所设的基础教育处相对应，各区教育局均设置有基础教育科。它们不仅对区内学校的人事、财务等稀缺资源进行控制，也制定各种规章制度和方针，对学校和教师的实际教学进行协调。值得注意的是，企业作为职能层的新成员，是随着"跨区域的合作办学"组织形式的产生，被市教育局吸纳进来的，它会对其举办的民办学校的资源配置方式产生重大的影响。

① DiMaggio, Paul and Walter Powell, "The Iron Cage Revisited: Institutional Isomorphism and Collective Rationality", *American Sociological Review*, 42, 1983: 726 – 743.

　　由于各区教育局对区属学校拥有管理权，因此，作业层内的公办名校可以简化为市教育局直属的学校。① 这些学校的校长是市域教育均衡改革的最直接实践者，他们对学校管理、教学活动所做出的决定，一方面来自其价值观念和管理经验，另一方面也受到市教育局的影响。2010 年，L 市教育局在全国教育系统率先制定出台了《市教育局直属学校校级干部问责暂行办法》，对问责情形、问责方式、问责程序均有明确规定，也确立了校长依法治校的规范，推动校长依法自主办学。不过，与公办学校不同，民办名校的校长还将受到企业及办学者的影响。

　　对"跨区域合作办学"组织形式的产生，市教育局作为战略层的参谋部门，发挥了承上启下的作用。它从日常性的战略决策事务中脱离出来，集中时间和力量对科层制组织的局限性进行纠偏。

　　1. 应对权威监管的失效

　　一是市教育局面对区教育局。通过对我国义务教育管理体制进行的剖析，我们发现所有的教育决策都深受其所处的外部环境的影响——教育活动以何种形式组织、运作是否成功，在很大程度上反映了其所处的制度背景，也决定了本次教育改革仍是在现有"以县为主"的义务教育管理体制内的变革。市教育局不是区教育局的上级，因此，战略层对区教育局的"纠偏"会比市教育局更加有效，更有利于树立市教育局的权威监管。

　　二是市教育局面对企业。由于战略层赋予了市教育局市域教育均衡改革的权力，而企业并不像区教育局那样拥有支配基础教育的公共权力，因此对于民办学校来说，政府购买服务的方式既是对民办学校发展的支持，也是对民办学校进步的鞭策。这有利于市教育局对企业树立权威。

　　值得注意的是，市教育局如果获得战略层的认可，它于是拥有了吸纳企业的权力来源。而企业又是民办学校真正的"管理者"，所以市教育局吸纳企业的同时也完成了对作业层中民办名校的吸纳。

────────────

　　① 本书假设"区属名校"完全听从于区教育局的协调，因此无须在职能层和作业层中重复考虑。

总之，利益群体如果建立一整套规范"谁拥有哪些权利和义务"的契约，由于契约的模糊性特点，市教育局担任监督者的角色，就能够监督各方在提供资源、获取资源的过程中的失当行为，发挥权威监管的功能。

2. 应对有限理性

制度学家迪马奇奥和鲍威尔以"有限理性"为前提，提出模仿是组织趋同的一个重要机制，即在不确定的条件下，组织无法确切地预测未来的环境变化，只能通过模仿成功的组织模式以降低风险。[①] 也就是说，政府可以通过学习和借鉴其他具有相似改革的政府经验（如前文介绍的19个地市），在增加方案异质性的基础上确定适合的政策方案集合，然后再借助利益群体之间的互动筛选出最终方案。

3. 应对信息不对称

实际上，企业 M 型组织形式的变形（见图 2.2、图 2.3），不仅减少了职能层向作业层传达信息的环节，而且促进了战略层、职能层、作业层之间的沟通，旨在解决各层级信息不对称的问题。

因此，结合本案例的实际情况，本书所研究的科层制组织纠的"偏"，笔者认为从广义概念上讲，指的是科层制本身的局限性；从狭义的概念上讲，指的是市教育局在与战略层、职能层和作业层的互动过程中实现"跨区域合作办学"的组织形式。

（四）政治动员与"法约尔桥"

在对科层制组织纠偏界定之后，市教育局要采取什么样的方式进行纠偏呢（即图 2.3 中的"?"所表示的意思）？本书对这一问题的研究设计反映了案例市的教育局所面临的组织关系的复杂性。

根据斯科特的论述，组织设计中正式结构是用来规范行为并为特定目标服务的，是独立于个体行为者特征而存在的规范和行为模式，如既定规章、职位界定、行为规范等。非正式结构是建立在具体参与者的个

---

① DiMaggio, Paul and Walter Powell, "The Iron Cage Revisited: Institutional Isomorphism and Collective Rationality", *American Sociological Review*, 42, 1983: 726–743.

性和相互关系的基础上的。① 而且，只有在正式组织中的行动者的参与下，才能促成非正式的规范和行为模式，如地位和权力体系、交流网络、人际机构、工作安排。

关于前文提到的政治动员，詹姆斯·R. 汤森等将其界定为：获取资源来为政治权威服务的过程。② 已有的文献由于关注的是中央的高度政治动员，因此是从中央政府的高压政策入手，可归类到正式结构的研究。比如，唐皇凤对中国社会治安治理中的"严打"政策的研究，分析执政党与政府在理性主义指引下面临资源瓶颈问题时的理性选择。从政治动员的正式方式来看，主要包括大规模的宣传动员、树立典型示范。③ 除此之外，皇娟总结了两种内控式的政治动员方式：一种是通过专门的机构和人员，有针对性地对利益相关者做思想工作，或者与他们谈心，以了解他们的心理障碍，引导他们理性思考和分析；另一种是针对党政机关内部的工作人员和军队官兵、公共危机发生当地的民众进行群体思想政治工作，其具体形式包括学习文件、举办报告会和讲座等。④ 这种内控式的动员方式带有非正式结构的功能，进一步地说，在相对宽松的环境里私下交流，提高彼此的信任度，具有弥补正式结构不足的功能，也是上下级政治动员的表现形式。

但是，本案例研究中的"政治动员"不同于上述中央政府所采取的政治动员——上级对下级的政治动员。比如，市政府对区政府可以视为上下级的"纵向"政治动员。而本案例的研究聚焦点是市教育局，它与区教育局不是上级与下级的关系，不能视为"上下级"的政治动员；市

① W. 理查德·斯科特：《组织理论：理性、自然与开放系统的视角》，高俊山译，中国人民大学出版社 2011 年版，第 72—73 页。

② 詹姆斯·R. 汤森、布兰特利·沃马克：《中国政治》，顾速、董方译，江苏人民出版社 1996 年版，第 55 页。

③ 唐皇凤：《常态社会与运动式治理——中国社会治安治理中的"严打"政策研究》，《开放时代》2007 年第 3 期。

④ 皇娟：《中国公共危机治理中的政治动员方式》，《中国青年政治学院学报》2012 年第 4 期。

教育局的部门之间的政治动员，也不是上下级之间的政治动员。

　　法国管理学家亨利·法约尔在其著作《工业管理与一般管理》将"法约尔桥"（Fayol Bridge）（也称为"法约尔跳板"）作为分析单位，认为它是解决组织内跨部门的沟通纽带，主要观点包括以下几点：（1）等级制是管理的基本原则。等级路线就是信息的下传（由最高权力机构向下发出）或上传（把信息上报给最高权力机构）中经过每一个等级的传递路线。（2）这条路线虽然保证传达的必要性和指挥的统一性，但它并不总是最快速的路径。对于一些大企业，这种方法有时甚至需要很长时间。因此他主张改革管理体制，允许企业生产过程中"越级"上报；（3）对于政府来讲，等级制的部门林立也造成了横向沟通的困难，带来组织低效率问题。[①]

　　法约尔是以企业组织机构为模式进行系统分析的，100多年以来，学者们也认为"法约尔桥"并不是一个稳定的组织结构要素，其会随着部门利益驱使而消失，但是，在本案例研究的特定环境下，各单位的行动者可能会搁置原本谈好的权力边界和部门利益，那么就构成了"法约尔桥"的前提条件。

　　在本书中，外部环境赋予了市教育局有力的政治动员力量，使它可以采取"横向"动员手段，解决彼此的直线沟通问题。因此，本书根据案例情况将政治动员界定为两方面的内容："上下级动员""法约尔桥"两种。其中"法约尔桥"具体表现为两种形式：一种是在教育系统内的非上下级的同级沟通形式（M），例如，市教育局基础教育处与区教育局，它们虽然不是上下级的关系，但却是同一行政级别的部门。另一种是跨部门的动员形式（N），如市教育局基础教育处与市教育局的人事处、组织处等部门，它们拥有共同的上级领导。综上，本案例中的政治动员方与被政治动员方之间的动员类型可以归纳出表2.2。

――――――

　　① 亨利·法约尔：《工业管理与一般管理》，迟力耕等译，机械工业出版社2007年版，第5—10页。

表2.2　　　　　　　　　　　　　政治动员类型

被政治动员方			政治动员方	
			战略层	市教育局基础教育处
	职能层	区教育局	上下级动员	法约尔桥（M）
		企业	—	上下级动员
	作业层	民办名校	—	上下级动员
		公办名校	—	上下级动员
市教育局的某部门			上下级动员	法约尔桥（N）

注："—"表示不涉及的项目。

从表2.2中可以看出，在战略层的主导下，市教育局基础教育处对学校成员采取的是"上下级动员"的方式；对区教育局、市教育局其他部门采取的是"法约尔桥"方式。后者针对的是科层制中组织的协作低效率的问题。

由于市教育局是科层制环境中纵向与横向关系的组织边界单元，因此，"上下级动员"与"法约尔桥"为市教育局的政治动员活动提供了便利，导致战略层、职能层、作业层三个层级的整体协作效率有所上升。

（五）教育均衡化

"均衡"一词，最初是物理学中的名词，指当一个物体同时受到大小相等、方向相反的两个外力的作用时，该物体处于平衡的状态。从某种意义上说，它与儒家的中庸思想是一致的，无过不及、内外协调、保持平衡、不走极端。张曙光曾将均衡概念概括为"变量均衡"和"行为均衡"，前者是指对立变量相等的均等状态；后者指对立势力中的任何一方不具有改变现状的动机和能力的均势状态。[①] 早在19世纪70年代，瑞士洛桑学派的主要代表人物、法国经济学家瓦尔拉斯（Léon Walras）在他的代表作《纯粹政治经济学要义》中首创了"一般均衡理论"。他认为，

① 张曙光：《论制度均衡和制度变革》，盛洪《现代制度经济学》（下卷），中国发展出版社2009年版，第257页。

市场上任何商品的供给、需求和价格都不是孤立存在的，而是相互影响、相互依存的，当市场上一切商品的价格恰好同这些商品的供给和需求相等时，市场就呈现"均衡状态"。后来，英国经济学家阿尔弗雷德·马歇尔将其扩展到整个经济系统，提出"局部均衡理论"。显然，所谓均衡发展，最初是针对经济发展而言的，主要是解决经济发展的效率问题。然而，国外的一些经济学家很早就开始在教育领域应用均衡发展的思想。他们的研究更多的是从公平与效率，特别是对资源配置效率影响的角度进行的。如美国的"州政府教育资助"概念，演变于 Elwood P. Cubberley、George D. Strayer 和 Robert M. Haig 等的著作。他们的基本观点是，学区之间教育支出的巨大差异代表了社区财富和税收努力的差异，从而造成了令人难以忍受的局面：一些学生不能得到足够的训练。① 他们强调州政府的教育资助对于缩小差距的好处，并归结于一个"均衡化"（Equalization，或译成"均等化"）的问题。

在中国，对于"教育均衡化"概念，学界并没有统一的界定。借用教育生产函数描述教育投入如何转变成教育产出的说法，国内对"教育均衡化"丰富的研究讨论可以分成"投入说"②"过程说"③"产出说"④。

本书是将"教育均衡化"改革作为研究背景，透过基层教育行政部门"跨区域合作办学"组织形式的发展过程，剖析科层制本身存在的问题及解决办法，呈现出科层制纠偏机制对市域教育均衡化目标的实现所做出的努力。

---

① 科恩：《教育经济学》，范元伟译，上海人民出版社 2009 年版，第 262 页。
② 鲍传友：《义务教育均衡发展：内涵和原则》，《国家教育行政学院学报》2007 年第 1 期。
③ 翟博：《树立科学的教育均衡发展观》，《教育研究》2008 年第 1 期。
④ 杨小微：《从义务教育免费走向教育过程公平》，《"公平、均衡、效率——多元社会背景下教育政策"国际研讨会论文集》，2008 年。

二 研究分析框架

(一) 研究切入点

在本书中，案例市的市域教育均衡化是科层制组织的行动目标，在向这一目标努力的过程中，一方面受到上下级意图和科层制度环境的影响，另一方面战略层、职能层、作业层所组成的利益群体基于对利益、价值、制度等因素的考虑对教育均衡化产生了不同的理解。市教育局在外部环境与内在的组织层级相互作用的综合考虑下所选择的纠偏方式——政治动员，反映了科层制纠偏机制的内在调整。在迪尔凯姆看来，应在历史过程中考察组织的活力是如何调动起来，致力于达成什么样的目标，驱使组织发展演变的内在力量是如何运作的。① 因此，本书以科层制组织"偏在哪里—为什么纠偏—怎么纠偏—纠偏的效果"的纠偏机制历史进程为研究脉络，探讨其在外因和内因作用下的运行规律。

(二) 研究框架

本书具体的研究问题是：

(1) 科层制组织在实现市域教育均衡目标时遇到了什么问题？

(2) 市教育局是如何对科层制进行"纠偏"的？ 在此过程中，市教育局与科层制固有结构之间的互动关系如何？

(3) 科层制组织可以改变其自身形成的问题吗？ 其纠偏机制是什么？

要回答第一个问题就必须先介绍科层制组织所面临外部环境中的上级目标、下级目标，从上下级目标的偏离现状中剖析出科层制组织的局限性，即"偏"在何处。市委书记"一把手"的批示使得外部环境异常强大，促使市教育局启动纠偏机制，接下来探索市教育局所采取的各种政治动员、外部合作方式进行"纠偏"，以及与科层制固有结构之间协调、退让是对第二个问题的回答。从以上内容中可以梳理出影响科层制

---

① 郭建如、马林霞：《社会学的制度与教育制度研究初探》，《比较教育研究》2005 年第 4 期。

纠偏机制的外部和内部因素及其发展轨迹，也就是回答本书的第三个研究问题，即解释科层制组织是否改变其自身形成的问题及"纠偏"的实现程度如何。本书的研究分析框架如图2.4所示。

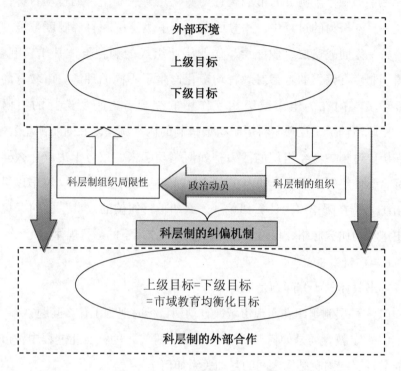

图2.4　研究分析框架

　　通常，对于市一级教育主管部门而言，通过对国家"以县为主"的义务教育管理政策资源的依附，凭借其所处的行政层级，在推进县域教育均衡发展中起到业务指导的作用。而对于本书案例为代表的向市域教育均衡发展的地级市政府而言，强大的外部环境则是科层制纠偏机制孕育的关键。外部环境聚焦的是市教育局所面对的上级目标和下级目标。在上级目标中，中央政府的立场已开始转变，鼓励地市级人民政府在教育均衡化改革中兼具统筹规划、组织管理的功能。而省级政府的态度与改革措施更为鲜明，制定重要的规章制度，要求市级政府制定相应的教育均衡化的方针政策来帮扶薄弱学校。如果说，中央政府与省级政府的政策提供了教育均衡化改革的宏观环境，那么，市教育局根植于的市政府出台的政策及为其必须践行使命塑造了具体的微观环境。

在原有的科层制的体制下，为符合政策目标和差异性教育水平的现状，市教育局根据量化指标对各区的办学水平进行界定，出现"优质区"与"薄弱区"之分。然而，各区政府对此并不认同。这是科层制组织本身的局限性所造成的。具体地说，区教育局所具有的"以县为主"属地管理的自由裁量权，以及教育资源的可流动性特点反映出市级政府权威监管的失效；市级政府所制定的教育均衡化政策在区域内的执行过程中出现的矛盾与冲突，反映出科层制组织的有限理性；区教育局更了解属地学校的需求与偏好，这是两级教育行政部门之间信息不对称的表现。因此，市教育局陷入了一种"不得不为"同时又"难以作为"的市域教育均衡管理的困境。

面对上述教育管理困境，市委市政府"一把手"批示赋予了市教育局行政权威性，市教育局以政治动员形式协调区教育局、学校之间的关系，这可以被看作对科层制组织本身局限性的一种纠偏。政治动员力量不仅表现在"上下级动员"与"法约尔桥"的方式的不同，还表现在不同动员方式的相互叠加作用上。本书依据政治动员方式单独或叠加的情况，将纠偏过程划分为"低度纠偏—中度纠偏—高度纠偏"三个阶段。

第一，低度纠偏。在"上下级动员"方式的单独作用下，纠偏机制对科层组织的局限性完成了低度纠偏。

战略层是与外部环境中的政策资源联系最紧密的群体。在它赋予的政府动员力量的影响下，市教育局从常规的 M 型组织层级模式中脱离出来，承担起维护科层制纠偏机制运行的重要功能。基本上所有的制度化方案都是由市教育局酝酿的。一是吸纳企业及其民办学校，构建起包括公立、私立教育中的知名度高的学校，优质学区 A，薄弱学区 B、C、D 之间的共同决策模式，开展密集式会议，共享决策信息。二是提供了多种合作方案，尽可能地让利益群体满意，弥补有限理性的缺陷。三是提供合作办学协议模板，明确各方的责任与权力，加强权威监管。我们不难想象，在这一时期，参与方之间的信息对称是建筑在共享信息的会议基础之上。但是，在一个缺乏权威性、不同组织林立的义务教育改革新领域，科层制纠偏不可能一蹴而就。

第二，中度纠偏。作业层中的"名校"是教育均衡改革的最重要组成部分，也是优质教育资源的直接输出者。在跨区域的教育资源配置方案分解的过程中，虽然市教育局局属初中接受办分校的任务（低度纠偏），但实际上它们对教师编制等人事问题提出诉求，制约着纠偏机制的顺利运行。换言之，虽然市教育局局属公办学校的发展受到市教育局的很大牵制，但是似乎所有局属学校也会提出相应保障自身利益的诉求。与民办学校不同，公办学校的诉求问题还要涉及市教育局内部的人事部门、组织部门的科层化管理。不过，由于科层制内部集权控制趋势的影响，除了基础教育处之外，市教育局其他部门也逐渐被来自制度环境中的政府权威所影响。因此，在"上下级动员"之外，市教育局基础教育处作为本次教育改革的重要执行部门，要分析它在满足作业层要求中如何应用"法约尔桥"进行跨部门的协调作用。这在某种程度上反映着科层制的横向结构对纠偏机制的阻力。

第三，高度纠偏。在这一阶段，纠偏难度相对增大，主要表现在"法约尔桥"（M）萌芽、发展，但是随着"法约尔桥"下的组织失败，"上下级动员"方式开始由正式变为非正式，导致战略层对职能层的影响趋于增强。

职能层如同优质教育资源的跨区域流动的"控制阀"，它的反应与配合程度对整个纠偏机制的生存与发展起到了重要作用。虽然职能层同意合作方案的提供与分解（低度纠偏、中度纠偏），但是在合作办学协议的审核过程中，职能层内部陷入了回避、拖延的泥沼中。这在某种程度上反映出科层制的纵向结构对纠偏机制的阻力，即区政府的等级设置对区教育局是一种保护作用。对于区教育局的组织精英而言，区政府对其的工作满意度是放在首位考虑的，也是其能否获得晋升的关键。区政府对于"跨区域合作办学"举措是否认可，也在一定程度上影响着区教育局的办事效率。因此，科层制如何通过"非正式动员"方式与职能层达成共识，并以契约的签订明确上下级目标的一致性是值得深入分析的。

除了上述政治动员过程中市教育局与"战略层—职能层—作业层"各层级之间迥然不同的互动，科层制的外部合作也是值得深入分析的纠偏手段。起初，凭借战略层所赋予的行政权威性，市教育局将企业及其民办学校吸纳进来。虽然与市场化的道路相冲突，但是在政府权威之下，校长不得不在一些方面做出妥协，在输出优质教师资源的准备工作中表现出积极性。然而，当政治动员水平逐渐消退后，各层内的组织均呈现出由紧张到松散的趋势。义务教育管理体制内的区教育局又回到按章办事的轨道上来，即等待并听从区政府的指令。科层制固有的纵向结构阻力再一次暴露出来，然而，此时可能不会再有组织精英的非正式的"上下级动员"。而科层制的"外人"是最先感受到科层制纠偏机制的停摆的。

总体而言，科层制纠偏机制的发展取决于两方面的因素：一是外部环境，来自中央政府、省市级政府的政策与权威的综合作用是科层制纠偏发展的核心；二是市教育局与"战略层—职能层—作业层"政治动员的互动关系，各层级的行为方式、组织精英的决策手段以及科层制的固有特征均会影响纠偏机制的发展，不可避免地会支撑不住纠偏机制的实现程度，导致纠偏效果的反复。

（三）分析思路

本案例从国家—省—市—区—学校—个体的空间维度，聚焦特定空间条件下的市级教育局与外部环境、科层组织内部之间的互动关系。按照本书的研究框架和分析要素，根据理论关系图逻辑（见图2.1），本书将分为四大部分，分别是外部环境、政治动员、科层制的外部合作，科层制纠偏机制的建立过程。本书以外部环境对组织的影响入手，重点分析政治动员对科层组织纠偏机制的影响，最后通过科层制的外部合作讨论纠偏停摆出现的原因。具体分析的基本思路如图2.5所示。

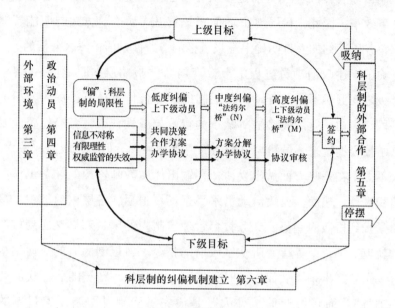

图2.5　分析思路

　　第三章主要介绍市教育局所面临的外部环境压力。来自中央政府、省级政府、市级政府层层细化的政策法规，明确并规范了上级目标：市域教育均衡化。在科层制的体制下，市教育局借助量化指标对"优质区""薄弱区"进行界定，鲜明地反映了其对市域教育差异化的理解。然而，各区政府均不认同"跨区域合作办学"组织形式，认可自身的办学行为，因此，上下级目标之间出现了偏离。这是由科层制本身的局限性所造成的，主要表现在权威监管的失效、有限理性、信息不对称三个方面。对市教育局而言，由于不具备行政权威性，所以陷入一种无奈的管理困境。

　　在市委市政府"一把手"的批示出现之后，市教育局所面临的管理困境有了新的转机，这在本书的第四章中给予呈现。市教育局从日常性的事务安排中脱离出来，在平行的组织形式"战略层—职能层—作业层"中投入时间与精力。通过战略层所赋予的"上下级动员"力量，市教育局进行了密集式开会、多种合作方案的提供、合作办学协议的商讨活动，弥补了科层制本身的局限性，取得了低度纠偏效果。然而，科层制里的一些根深蒂固的关系是难以撼动的，因此，科层制"纠偏"无法回避与它们的碰撞，表现在两点：一是作业层出于争取资源的考虑，提出了诉求，市教育局基础教育处采取了跨部门的"法约尔桥"（N），简化等级路线，属于中度纠偏。二是职能层，区政府对区教育局的保护作用，使得区教育局拖慢了改革的进度。市教育局基础教育处采取"法约尔桥"（M），并没有获得好效果，无奈之下，市教育局局长亲自出面，以一种非正式的"上下级动员"方式完成了"高度纠偏"过程。总而言之，市教育局出于"纠偏"的紧迫性考虑，在与作业层、职能层的互动中采取了一些外部环境所允许的特殊措施，促进了科层制的纠偏机制的深入发展与契约仪式的举行——上下级目标得以确认。

第五章中，科层制的外部合作是科层制纠偏机制的重要组成部分，同时也透露出纠偏机制运行中的两个转折点。一是标志着科层制纠偏机制的萌生。市教育局对企业及其民办学校的吸纳带来了利益群体的多元化，弥补了科层制本身的诸多局限性。二是标志着科层制纠偏机制的停摆。当上下级的动员逐渐消退后，"法约尔桥"也无法单独存在，职能层与作业层之间的信息连接渠道随之断裂。科层制组织的纠偏逐渐停摆，教育管理体制内的教育部门和学校机构也会回到按章办事的轨道上来。"纠偏"面临难以深化的困难。

第六章则基于前面三章的论述与分析，首先从外部环境的形成与变化讨论影响科层制纠偏机制的外部因素；其次从组织内部不同层次之间的互动关系归纳出科层制纠偏的内在运行机制；最后结合外部因素和内部机制总结科层制纠偏机制的运行轨迹；从科层制本身固有结构的角度揭示科层制纠偏机制能否彻底实现的原因。

三　研究方法

（一）案例研究方法

从前一章的文献回顾中，已有文献多从某一种因素的角度分析该因素对科层组织的影响，如组织形式、组织环境、组织关系；而本书的案例研究方法则侧重于科层制组织本身，分析围绕组织变迁的多重影响因素和作用机制。因此，案例研究方法则可以弥补之前这方面的不足和缺陷。

从前一章相关的文献回顾中，我们还看到了许多政府组织层级的研究，例如关注中央主导的层级研究，对政府层级间的其他脉络关系则关注较少，缺乏对组织层级合作的考虑，也忽略了组织内部个体行动者层面的特性，而对案例市的实地考察则恰恰可以弥补这方面的不足。美国教育社会学者埃弗哈特认为，从方法论的层面看，实地研究的实质可以归结为以下四点：实地研究是建构主义的；实地研究是过程取向的；实地研究是整体取向的；实地研究作为一种研究方法，非常重视研究者在研究的形成、资料的收集及其结果的解释方面的重要性。[①]

基于组织研究的多元性和复杂性的特点，对于一个或几个组织细致而深入的调查研究，对于揭示组织决策的形成与发展以及内在问题是至关重要的，而案例研究的魅力在于提供了以上理论研究的情境性。质的研究十分强调研究者在自然情景中与被研究者互动，在原始资料的基础上建构研究的结果或理论。[②]

案例研究作为一种研究策略与方法包括一整套的设计逻辑，它是一种实证性的探究，是对现实生活情境下某个正在进行的现象及其发生原因的探讨，尤其适合于研究的现象与其所处环境之间界限难以区分的情况。[③]与实验研究相比，案例研究不会对环境背景进行严格控制；与调查法相比，它也不会对研究变量进行限定。

需要说明的是，本书在案例分析中，就所涉及的地名与人名均进行了技术处理。对于访谈资料和会议记录，无论是录音或手写，研究者都

---

① Everhart, R. B., "Fieldwork Methodology in Educational Administration", Norman J. Boyan Ed., *Handbook of Research on Educational Administration*, Longman Inc., 1988: 703 – 704.

② 陈向明：《质的研究方法与社会科学研究》，北京大学出版社 2000 年版，第 7 页。

③ Yin, R. K., *Case Study Research: Design and Methods*, 2nd Ed., Thousand Oaks: Sage, 1994.

在访谈或会议结束后第一时间将其转录为电子文本，并对其进行编码与归档。对于受访者的编码，要反映原始资料的真实面貌，本书设定的规则为：受访者类型（市行政人员/区行政人员/校长/教师/企业人员）——姓名代码——日期——受访次数。其中，受访者类型用汉语拼音的首字母表示，分别为"SXZ"（市行政）、"QXZ"（区行政）、"XZ"（校长）、"JS"（教师）、"QY"（企业）；受访次数大于或等于两次时，在日期后面用数字（2）（3）等表示相应的受访次数。例如，一位在2014年8月15日接受笔者访谈的市行政人员GYX，这是他第三次受访，可标码为"SXZGYX0815（3）"。本书的受访人员具体信息参见附录C。

（二）案例的选择

笔者抱着"小城镇、大问题"的理念，选择L市教育局"跨区域合作办学"的改革为研究对象做个案分析。选择其做研究对象的原因包括以下几个方面。

一是科层制组织改革态势明显。市域内教育资源不均衡的特点突出，导致市政府转变职能的动力或压力很大。这可以从其教育均衡化目标的完成情况、社会各界的反馈、其他学术机构纷纷前来调研等方面体现出来。另外，L市的义务教育均衡改革工作已取得阶段性成果，但全市的教育均衡化工作还任重道远，这在中国各市域教育现实中具有一定的代表意义。

二是凸显出科层制的内部成员（公办学校）与外部成员（民办学校）在"纠偏"中的迥异。该市的"教育均衡化"的改革思路具有独特之处，引入市场因素——企业，向其举办的民办学校购买3年的服务来帮扶公办学校。这表明，当政府在优质教育资源上对民办学校有依赖时，政府将试图与这样的学校保持较为长期的联系。因此L市的做法值得引起其他类似地方的关注。

三是L市教育局是"跨区域合作办学"组织形式的组织交界单元，既体现了我国政府系统内部的纵向关系（中央、省、市、区），也体现了政府与社会的关系（市政府与企业）。这反映出市一级政府层面上的教育改革在目前中国教育改革实践中具有较好的代表性。我国地域广阔，各地的资源禀赋、经济条件、文化习惯等差异性较大，允许地方发挥创造性，积极探索适合本地区的教育均衡化发展模式，迄今为止较为全面推行教育均衡化改革往往都是由直辖市、省会城市、副省级城市、地级市等率先开展。从制度建设来看，这一层级的教育活动最为规范和成熟，可以从中提炼出有代表性意义的经验。

四是从科层制组织的可进入性和调研资料的可获得性考虑，选择 L 市是有优势的。笔者在那里有较便利的条件进行教育实习、实地调查、资料收集等工作。因此，选择 L 市是出于能否争取到顺利实施调查活动的考虑，也有对当地政府部门是否能为调查活动开"绿灯"的考虑。

（三）资料收集方法

案例所需的资料主要由以下途径获得：第一，实地观察。笔者分别于 2013 年 11 月底和 2014 年 7 月 9 日至 9 月 5 日到 L 市教育局做预调研和正式调研。集中调研时间近 60 天，在此期间，笔者每天都是在教育局基础教育处的办公室度过的。在那里，他们为笔者特意准备了一张办公桌，便于笔者熟悉办公室的业务，并参与有关会议、接访等活动。基础教育处是市教育局的一个重要的业务处室，负责向各区（市）传达上级有关指示，起着沟通、调度、监督等作用。笔者利用这一便利条件，开始有目的地观察、记录处室的会议情况。笔者集中调研的两个月里，正是 L 市义务教育均衡化改革的攻坚阶段，整个教育局的工作人员都在马不停蹄地工作中，这为笔者理解一个教育行政组织应对外部环境的要求所凸显的各种行为提供了切入口。

第二，访谈。预调研时笔者对市教育局基础教育处的行政人员、B 区某小学和 D 区某小学的教师进行了访谈。2014 年 7 月初至 9 月初，笔者主要利用教育局工作人员的空闲时间，与他们进行了更深入的交谈，访谈对象包括市、区教育局官员，学校校长，教师及相关企业的负责人。另外，由于写作是一个时间较长且需要反复思考的过程，会出现一些不大清晰的问题，笔者于 2014 年 10 月进行了为期一周的回访。具体访谈提纲和访谈人物列表见附录 B、附录 C。访谈主要是以现场笔录的方式进行，少数情况进行了录音整理。

第三，档案。主要源于基层政府及有关单位的档案室；一些基层部门的会议记录和文件等。在本案例中，首先，在进入研究现场前对案例城市在新闻媒体中的报道进行搜集，结合政府的网站初步了解 L 市的政府管理结构的设置情况；其次，收集 L 市教育政策演变、学校规模和区域办学质量等方面的信息；最后，收集整理市教育局、区教育局、参与学校、企业等的内部相关资料，包括会议记录、与会人员结构的分布与变化、发展规划、相关契约书等。

四　关于研究对象

在义务教育阶段，L 市的所有小学和大部分中学是由所在辖区的区政府管理。由于地理位置优越，A 区历史上一直是 L 市常住人口最多的区域，因此义务教育资源发达，许多百年老校都聚集在此。1898 年，清政府与德国签订了《胶澳租借条约》，德国人以文化渗透的目的建造教堂。这年秋天，德国人为了解决其子女读书问题，在大鲍岛村建了第一所德国小学。1901 年，胶澳总督学务委员会正式接管了这所学校，改称为胶澳总督府学校。同年，在俾斯麦大街（今江苏路）新建校舍，当年建成并开学。这就是后文提到的"市实验小学"的前身。之后，他们又相继建了德华书院、礼贤书院、淑范书院、弗兰西斯科女子学校等 5 所教会学校，这里包括后文提到的"市实验中学"的前身。

随着改革开放的深入，城市化进程在 L 市这个沿海城市表现得更为明显。一方面，城市中心区人口、交通压力大，学校资源配置水平低，按人口平均配置的教育资源比较有限。截至 2014 年 7 月，L 市拥有省、市级特级教师 124 人，生均拥有最多的是 A 区，每万名学生拥有 2.6 人。省、市级教学能手有 1814 人，生均拥有最多的是 A 区，每万名学生拥有 45 人。市级学科带头人有 249 人，生均拥有最多的仍然是 A 区，每万名学生拥有8.6人。① L市市域内优秀教师资源的分布不均衡可能有两方面的原因：一是原有优秀教师评比时，由于区（市）教师基数不同而存在的评比数量上的客观差异；二是各区域教师培训机会、培养环境等情况有所不同，导致部分已获得优秀教师称号的教师通过流转等方式，从薄弱学区流向了优质学区。

另一方面，近郊区发展空间大，人口也逐步聚焦，需要配置相应的教育资源。中心区空间不足和近郊区的空间广阔，产生了合作办学和向外延展的可能性。现在中心城区的学校、文化设施和其他公共服务设施，受到高地价、高房价等因素的影响，公共资源的人均配置较低。具体来看，2012年，A区进城务工人员适龄子女入学人数占全区学生比例已经达到18%，却是各区内最低的，B区为36%，C区为46%，而C区个别学校的比例高达96%。像C区，过去常住人口稀少，如今由于房价相对便宜，吸引了众多外来人口落户或租房。为满足他们的子女就学需求，C区政府在积极新建、改扩建学校，配备相应的教师员工。但是，教育事业的发展不是一朝一夕的事，C区教育力量的相对薄弱带来了L市市域内义务教育水平方面的参差不齐。

在义务教育县域教育均衡发展阶段，L市重视教育财政投入，2012年全市预算内教育经费支出占财政支出比例达到17%。在教师、经费、设施等资源配置方面，加大对义务教育薄弱学校、农村学校的倾斜力度。市级投入1200万元，完成94所薄弱中小学的改造；同时投入2亿元，加强农村学校实验室、图书馆和信息化等建设；选派了548名城区教师到农村支教，570余名师范类毕业生到农村顶岗实习；面向500名农村小学骨干教师开展培训。② 另外，市政府还加强县域内的校长教师流动，按照培优、扶弱、抓全员的思路，推动教师从"学校人"向"系统人"转变，不断提高县域教育均衡的发展水平。

---

① 《L市2014年义务教育均衡发展报告》。
② 《L市教育局2012年工作报告》。

在对待民办学校方面，市、区两级政府每年也会安排一定资金，采取奖励、贷款贴息等方式，支持民办学校的重大项目建设，采取补贴等形式支持民办学校的教师培训，或者采取政府购买服务的方式支持民办学校发展。市政府还不断完善民办学校教师的社会保障制度，提高民办学校教师的退休待遇。

总之，L市政府在义务教育县域教育均衡方面的改革与经验获得了上级政府的关注，这也预示着市政府可能要应对来自外部环境的新要求，不可能再相对单一地围绕着县域范围来实现义务教育均衡化的目标。

第三章　外部环境

促进义务教育均衡发展是党中央做出的重要战略部署，得到了各省政府的高度重视，使得推进义务教育均衡化成为市级政府履行公共职能的重要使命。因此，市政府开始在现有"以县为主"教育管理体制下酝酿"跨区域的合作办学"的组织形式。为满足上级目标的要求，市教育局对"优质区""薄弱区"进行界定，以前者"帮扶"后者的方式弥补区域间的教育差异。虽然处于科层制内的下级地位，但是"优质区""薄弱区"可能对教育均衡化办学有着自己的目标。因此，科层制面临着一个无法逃避的问题：上下级目标不一致。这是科层制本身的局限性所造成的，也是本书所研究的科层制纠偏的缘起。因此，理解科层制纠偏，首先要从围绕着其的外部环境因素入手。

第一节　上级目标

一　中央政府

中国国家政权的基本特点是中央权威一统而治，如《诗经》里所述，"溥天之下，莫非王土；率土之滨，莫非王臣"，其深层意义即"政令自中央出"。为了缩小城乡、区域间差距，维护社会的稳定，自 21 世纪起，党中央做出了一系列推进义务教育均衡化的重要举措。

2007 年 10 月，"优化教育结构，促进义务教育均衡发展"出现在了党的十七大报告中，这是对"义务教育均衡"前所未有的认可。2009 年

11 月，全国推进义务教育发展现场经验交流会在河北省邯郸市召开。中共中央政治局委员、国务委员刘延东同志在会上强调，全面推进义务教育均衡发展是政府的法定责任。各级政府要高度重视，把推进义务教育均衡发展作为基本公共服务，作为重大民生工程，切实抓紧抓好。《国家中长期教育改革与发展规划纲要（2010—2020）》（以下简称《纲要》）的出台，为义务教育均衡化的深入发展奠定了强大的政策基础。在这个科层制浓厚的社会里，《纲要》的出台为教育部进一步细化决策提供了依据。2010 年，教育部发布《关于贯彻落实科学发展观 进一步推进义务教育均衡发展的意见》。这一文件，成为 L 市教育局制定相关文件时的首要口号。

教育部基础教育一司、中国教育科学研究院编著《2010—2012 义务教育均衡发展·推进市域》书中罗列了先行先试地区的做法和经验，其中并没有提及 L 市。可以说，L 市的市域教育均衡化改革并没有走在全国的发展前列，但仍然赶上了国家发展的好时机。正如 L 市教育局基础处 J 处长所言，"咱们做的是晚饭，好饭不怕晚"（SXZJYS0813）。而且，贯彻十八届三中全会（2013 年 11 月）"深化教育领域综合改革"精神的要求几乎出现在了 L 市教育局 2014 年出台的所有有关市域教育改革的文件里，这是由于国家重大政治事件中涉及"教育领域综合改革"，这为市级教育部门开展工作提供了政策依据。

可以看出，市级政府要获得义务教育改革的空间必须依赖于中央政策法律对其教育管理地位的确定及开展教育改革范围的界定。如果没有此种界定，市政府便无的放矢。尽管上述政策条例本身还停留在一个相对模糊的层次，有鼓励之意而又缺乏明确的方针内容，有待进一步完善，不过已经足以为市级政府发展市域教育均衡提供中央政策的有力保障。

二 省级政府

教育非均衡的压力和公众的不满意使教育改革也成为省级政府的重要议题。案例市所在的山东省依照中央部署也经历了类似的教育均衡政策发展过程。《山东省中长期教育改革与发展规划纲要（2011—2020

年)》,此项政策部署依据国家《纲要》而制定,为省内各市级政府下达指令和采取行动提供了依据,而且要求比国家《纲要》提出的目标提前5年实现。通过比对山东省教育厅基础教育处编制的《2001—2010 基础教育工作文件选编》可以发现,基础教育处的文件一般是对应并按照教育部基础教育一司、二司的文件精神制定和传达的,"某某决定"和"某某通知"的名称都与上级文件相一致。

2011 年 3 月和 7 月,教育部分别与 27 个省(区、市)及新疆建设兵团签署了义务教育均衡发展备忘录。在《教育部与山东省人民政府关于推进义务教育均衡发展备忘录》中,教育部确认了对"山东省'基础教育综合改革'"(项目编号:10 - 115 - 147)、"威海市推进市域内义务教育高位优质均衡发展"(项目编号:02 - 115 - 142)提供支持和指导,组织国家级媒体对山东省推进义务教育均衡发展的先进典型进行宣传。作为回应,山东省制定了详细的时间表和工作路线图,并把推进县域义务教育均衡和义务教育学校标准化建设工作纳入对市、县(市、区)两级人民政府考核的重要内容;把教育投入和实施素质教育作为对地方政府政绩考核"一票否决"的指标。这一监督手段也促使 L 市政府将"市域教育均衡"作为保持本市在全省中心地位和影响力的改革目标。经过 3年的发展壮大,进入 2014 年,面临着 2015 达标年,山东省针对义务教育均衡化又出现了不可遏制的发展势头。

特别的是,省政府 2014 年 7 月颁布的《山东省教育厅等五部门关于全面改善我省贫困地区义务教育薄弱学校基本办学条件的实施意见》文件是由省教育厅、省发展和改革委员会、省财政厅、省人力资源和社会保障厅、住房和城乡建设厅 5 部门联合会签。这对于政府控制下的教育政策执行将产生积极的推动作用,表示此项教育政策将与 5 部门的部门战略保持一致,体现出省级政府办好教育的全局意识。原因在于,教育均衡发展需要依赖多部门的共同努力,如果没有这种政策完善和部门协作,教育部门的改革将遇到瓶颈。

通常,市级政府对省级政府的政策依赖可以具体表现为特定的财政支持，如项目拨款，指的是省政府为实现某个特定的公共服务目标，给特定的下级政府的任务拨款。而这些"戴帽"财政支持不仅发挥了资金补给功能，也起到了传达上级意图的作用。

三　市级政府

2006 年，中国在修订《中华人民共和国义务教育法》时以法律的形式提出了"促进义务教育均衡发展"的思想，并做出了义务教育均衡发展的明确规定。从"十一五"时期开始，扩大基础教育优质教育资源，满足人民群众对优质教育的需求就成为 L 市教育主管部门思考的重大课题。自 2006 年以来，市教育局围绕基础教育优质资源的扩大问题组织进行了多次专题调研。调研透露出广大民众心目中的"上学难"指的是"上好学校难"。具体来说，他们认为原因在于"区域之间发展不均衡"（30.3%）、"学校之间发展不均衡"（30.3%）、"小学升初中的择校行为"（19.7%）。[①] L 市教育局也清醒地认识到造成"上学难"的原因主要是区域间、校际间发展的不均衡，现有教育资源不能满足老百姓日益增长的对子女享受优质教育的需求。8 年来，L 市政府及办公厅先后印发《L 市推进义务教育均衡发展的意见》《L 市中小学标准化学校建设计划》《关于促进教育事业优先发展的意见》《L 市 2012 年推进区市域内义务教育均衡发展工作方案》《L 市普通中小学现代化学校建设实施方案》《关于进一步加大教育财政投入的意见》《关于推进 L 市普通中小学小班化教育的实施意见》等近 10 个文件，对各区政府义务教育均衡发展工作专门部署。义务教育均衡在 L 市教育系统中的地位和重要性可见一斑。

然而，市教育局对各区直属学校的管理依旧是鞭长莫及，教育均衡化程度及办学行为在 L 市内部（六区四市）仍然大不相同。有些区（市）所采取的办学模式改革相对多元化，许多项目处于长期执行的完善阶段；有些区（市）仍在规划探索阶段（见表 3.1）。

---

① 《L 市扩大基础教育优质教育资源，满足人民群众对优质教育的需求调研报告》，2007 年。

表 3.1 　　　　　　　　　　各区（市）办学模式改革情况统计

区（市）	名校办分校（所）	委托管理（所）	集团化办学（所）	高校或科研院所辐射中小学（所）	学区制（个）
A 区	4	0	3	9	7
B 区	0	0	3	4	8
C 区	1	0	0	4	4
D 区	0	0	0	7	0
E 区	0	0	0	0	0
F 市	1	1	1	0	0
G 市	2	4	3	1	4
H 市	2	0	2	3	2
I 市	0	0	0	1	0
J 区	0	0	6	56	0

资源来源：根据 L 市各区市《办学模式改革　扩大优质教育资源情况统计表》汇总。

　　作为 L 市义务教育的实施主体，各区（市）政府拥有一定的办学自主权。以中央政府为顶端，国家的行政、经济和社会事务被层层分包给下级地方政府，中间转包人，如省和地级市，主要行使监督和指导之责，对其直接上级负责，最后基层政府承担了绝大部分的发包事务。[1] 因此，区政府自主运作的办学行为导致了全市范围内的教育资源的参差不齐。而且，随着教育均衡化改革的深入，区域之间的教育差距并没有消失。因此，市级政府要加大监督和指导的责任。

　　关于如何监督与管理下级政府，上级政府已经在长期的治理过程中积累了广泛的经验。它要在区域之间进行清晰的办学水平界定。通过教师资源和教育经费投入的"指标数量化"来解决信息控制问题，从而对市域内义务教育的"优质区""薄弱区"进行界定。

　　一方面，从教师资源来看，L 市按人口平均配置的教育资源数量来衡量各区（市）的优质教师资源。截至 2014 年 7 月，L 市拥有省、市级特级教师

<hr>

[1]　周黎安：《中国地方官员的晋升锦标赛模式研究》，《经济研究》2007 年第 7 期。

124 人，生均拥有最多的是 A 区，万名学生拥有 2.6 人，拥有最少的区（市）万名学生拥有数量为 0.58 人。省、市级教学能手有 1814 人，生均拥有最多的是 A 区，万名学生拥有 45 人，拥有最少的区（市）万名学生拥有数量为 10 人。市级学科带头人有 249 人，生均拥有最多的是 A 区，万名学生拥有 8.6 人，拥有最少的区（市）万名学生拥有数量为 0.79 人。市教育局在报告中指出：A 区优秀教师资源比其他区（市）都多，市域内优秀教师资源配置有待优化。[①] 由此，L 市确立了 A 区义务教育办学水平"领头羊"的地位。

另一方面，从教育经费投入情况来看，表 3.2 列出了 2010 年 L 市义务教育均衡发展督导评估指标体系（试行）中的经费投入指标。从表 3.2 中可以看出，政府对各区（市）义务教育均衡发展的财政投入考核设计主要有三个内容：（1）采用客观的指标计算得分；（2）指标测量的数量化，用明确的分数来反映各区（市）的达标情况；（3）每项指标均有明确、可操作性的统计口径。另外，该体系还涉及 A1 组织领导，占 50 分。从中反映出上级政府对教育均衡的关注点偏重于教育经费投入。

各区考核结果会以分数形式呈现出一个清晰的排名表，解决了上级政府与下级政府间"信息不对称"的问题。可以想象，哪一个区（市）的经费投入状况排名靠后有可能被政府界定为义务教育均衡发展的"薄弱区"。这种评价体系也的确是教育行政部门经过一定的调查研究的表现。

L 市教育局在 2010 年度工作总结会议上指出，"各区（市）结合实际，加大投入，促进县域内普通中小学办学水平的整体提升，呈现出一些亮点。A 区、B 区、D 区、E 区等 6 个区（市）用于学校基本建设的经费都分别超过 1.5 亿元"。从中可以看出，C 区等 4 个（区）在学校基本建设的经费投入方面是落后于其他区（市）的。于是，市政府就有了充足的依据制定公共政策、给予"薄弱区"财政支持。2012 年，L 市政府在《关于促进教育事业优先发展的意见》中明确提出，加大对 C 区、H 市、I 市等区（市）的转移支付力度，逐步缩小其人均财政教育经费支出

---

① 《L 市 2014 年义务教育均衡发展报告》。

水平与全市平均水平的差距；2012 年，市级财政承担了 H 市、I 市推进
教育装备现代化项目80%的资金。

表 3.2　　　　L 市义务教育均衡发展督导评估指标体系（试行）（2010）

A2 经费投入 100分	B3 法定增长 40分	1. 法定增长 区（市）政府将义务教育经费全面纳入财政保障范围，确保实施义务教育财政拨款的增长比例高于财政经常性收入的增长比例，保证按照在校学生人数平均的义务教育费用逐步增长	40	当年义务教育财政拨款的增长比例高于财政经常性收入的增长比例，计20分，否则计0分； 在校学生人数平均的义务教育费用高于上年，计20分，否则计0分
	B4 教育附加 60分	2. 教育费附加征收管理与使用 按照国务院和省政府文件规定：按增值税、消费税、营业税税额的3%计征教育费附加；教育费附加用于改善中小学教学设施和办学条件，不得用于教职工福利和奖金发放，严禁挤占挪用、平衡财政预算	30	按三税的3%，实征额占应征额比例均达到100%，计5分。否则，每低一个百分点扣1分，扣完5分为止； 拨付额占应拨付额比例均达到95%及以上，计10分。否则，每低一个百分点扣2分，扣完10分为止； 教育费附加管理使用符合规定，计15分。每有一项不符合要求扣5分，最多扣15分
		3. 地方教育费附加征收管理与使用 按增值税、消费税、营业税税额的1%缴纳地方教育费附加。地方教育费附加由教育部门提出使用意见报财政部门核定。主要用于中小学改善办学条件	30	按三税的1%，实征额占应征额比例均达到100%，计5分。否则，每低一个百分点扣1分，扣完5分为止； 拨付额占应拨付额比例均达到95%及以上，计10分。否则，每低一个百分点扣2分，扣完10分为止； 教育费附加管理使用符合规定，计15分。每有一项不符合要求扣5分，最多扣15分

资料来源：《2010 年 L 市教育统计年鉴》。

作为被界定的"薄弱区",它们就必须接受这些政策的资助,不管它们有多不情愿。"薄弱区",如同在他们身上贴了一个符号标签,这是 C 区教育主管部门、学校所无法认同的。

"我区通过引进齐鲁名校长和骨干教师、与上海静安区教育局和部分高校合作、设立区校两级名校长和名师工作室等措施,不断加强校长、教师队伍建设,全区教育发展取得了较好成绩。"(QXZSLH0813)

可以看出,科层制下的"帮扶"在一定程度上是具有强迫性的。随着国家治理建设不断深入,上级政府行为对基层政府的经济社会的影响越来越大,表现在各项法律法规及规章以外的规范性文件等。上级政府利用权力将他们的意图强加于"薄弱区"。这种强制性的管理之所以被上级政府所认可,是因为他们觉得这是为了维护公民利益,促进公共利益的实现,对基层政府的行为有不同程度的限制,这符合科尔奈好似家长制作风的"父爱主义"观点。[1] 而科层组织中的父爱主义在本质上是为了维护公共利益的实现。例如,L 市政府对待"薄弱区",就像家长对自己的孩子一样充满爱意,认为"优质区"到"薄弱区"办分校,对其是一种优质资源的输入,是难得的好意图。事实上,虽然市政府的初衷可能是善意的,但却忽视了区政府作为一级政府的主体资格,它所拥有的义务教育管理权力的合法性为区教育发展提供了驱动力。

第二节　下级目标

一　"薄弱区"

"你可以看看窗外,一栋综合大楼快要投入使用了,10 月份就可以进入了,已经完工,水电还没弄好。楼里有体育馆、学术报告厅、音乐和美术教室、餐厅、图书馆、心理咨询室、名师工作室。"(XZWXA0902)

---

[1]　郭建如:《中国农村义务教育财政体制变革与义务教育发展:社会学透视》,北京民族出版社 2010 年版,第 21 页。

C 区内 E 校的副校长向笔者兴致勃勃地介绍。这所中学在 C 区上交给市教育局的 5 所"分校"（薄弱学校）的名单上。

近年来，C 区先后出台了《区人民政府关于全面推进中小学素质教育的实施意见》《区人民政府关于进一步推进义务教育均衡发展的意见》《区人民政府关于贯彻落实〈山东省普通中小学办学条件基本标准（试行）〉的实施意见》《区人民政府关于印发〈关于推进义务教育均衡发展的工作方案〉的通知》等系列政策。不断加大投入，调整布局，强化管理，深化改革，创建特色，大力促进区域教育的均衡优质发展。

"学校的生源不好，两极分化严重，必须不让一个人掉队，所以要进行课程改革。我们是一所勤奋上进的学校，课改已经 3 年了，采取的是'师友互动'策略，学师给学友讲出来，使得语言表达能力变强，今年直升二中的就有 3 名。另外，小组合作，以课堂为突破口，辐射到方方面面。课上学习、课下督促，达到团结合作。我们还邀请家长走进学校参与听课，观察孩子情况。多元的互动，包括四种，生生间、师生间、班班间、校内外。"（XZWXA0902）

事实上，C 区级政府承担大部分的义务教育经费。2012 年教育基础设施投入近 2 亿元，2012 年全区投入 3310 万元用于区现代教育装备建设，使中小学教学仪器设备、体育设施、计算机、班班通、图书等方面得到全面改善。2013 年投入 1200 万元，为所有直属小学配备交互式电子白板。完成中小学网络设备升级及 14 所学校校园网综合布线等信息化建设项目。在做好新建学校和幼儿园现代化设备配备的同时，在部分中小学开展数字探究实验室配备试点工作。2014 年还完成投资 1.2 亿元，建设移动数字学习中心，建设特色化学科专用教室，完善录播教室、校园电视台等设施的配备，提高教学、管理、办公的信息化水平。

"区教体局投入建设的大楼。我们想在里面开展艺术学科课程，包括声乐课，家长就不用花钱在校外上课了。区政府对我们学校的需求很支持。"（XZWXA0902）近年来，C 区对学校发展和规范化建设大力支持（表3.3），从功能布局、装修、设施配备、学校特色、师资配备、校长选聘等方面做好各项工作。在 L 市省、市级规范化学校比例上，C 区比例是高于 B 区、J 区的。

表 3.3　　　　　　L 市 A、B、C、J 四区义务教育学校的情况

区域	义务教育小学学校数（所）	义务教育中学学校数（所）	九年一贯制学校数（所）	特殊教育学校（所）	省、市级规范化学校数（所）	省、市级规范化学校比例（%）
A 区	28	10	1	1	36	90
B 区	64	19	0	2	64	75.3
C 区	27	9	0	1	28	75.7
J 区	32	9	0	0	29	70.7

资料来源：根据《2012 年 L 市教育统计年鉴》中"各区市教育发展现况"整理。

而且，"近年来，区委区政府连年加大教育投入，一所所设施先进、宽敞美丽的现代化新建学校接连启用，老校改造也不断升级，校舍环境和设施配备有了很大改观。在这种局势下，我们清醒地认识到，如何提升学校内涵发展，进一步提高区域教育质量，是当前摆在我区教育人面前的重要课题。"（S 局长在签约仪式上的发言）这表明，"薄弱区"并不愿意承认自身的薄弱地位，也不愿意市教育局直接插手下属学校的管理事务，其有能力为区内学校和学生提供服务。

二　"优质区"

2011 年 5 月 10 日，A 区区委区政府颁布《A 区落实国家、山东省、L 市中长期教育改革和发展规划纲要实施意见（2011—2020）》，提出今后 10 年，A 区教育将坚持世界眼光、国际标准，立足区位优势，以统筹教育资源、促进教育"优质教育均衡"发展为目标。对于优质教育均衡，重点是实现"抬高底部"与"特色发展"。A 区为加大区内捆绑互助力度，将 6 所学校以"一对一"方式结对，区教育研究指导中心以"一拖四"方式与 4 所学校建立联系。2008 年至今，A 区 82% 的中小学进行了

校长轮岗交流。区内70%以上的初中学校实现了与教育科研机构、高等院校的联结。

　　A区在初始阶段就具有一定的竞争优势，当它把自己的优质教育资源进行全区覆盖的同时，也拉大了与其他区的距离。对于"跨区域的合作办学"组织形式，早在2013年年底，G处长就谈到"A区的积极性不高，因为自身不缺钱，辖区内名校很多，百年名校也是有的"。（SXZ-GYX1202）以此看来，优质区并不愿意在这场教育改革过程中，使自己的优质教育资源流失到"薄弱区"，从而丧失掉相对优势的地位。

　　毫无疑问，A区的市实验小学D校长支持本区内的教师流动。"我们是一所百年老校，受到了百姓的厚爱，但不能妄自尊大。我们想把好的做法、把符合现代课改的精神复制到合作的学校去，让区里的老师尽快地成长。而且，人的走动、语言、行为很重要，通过实实在在的人传过去。"（XZDXH0901）

　　对于一所1901年建校的有着悠久历史的学校而言，被人追捧难以避免，但是D清醒地认识到如此受欢迎的区属小学，是离不开区政府的财政扶持的有形力量和潜移默化的无形力量的。庆幸的是，虽然每年招生季时市实验中学都面临容纳不了"家庭背景"学生的困境，但是他表示区政府并没有给予他很大的压力，而是让他专心负责学校内部事务。区政府成为他坚实的后盾。"我当了多年校长，在学校招生时并不关机。我的压力没那么大。"（XZDXH0901）

　　作为一种A区优质教育的象征性符号，名校的金字招牌既让区政府以此为骄傲，也让区政府小心翼翼地看管保护着。名校直接为全区的教育成果展示、示范、帮扶弱校等活动服务，而且它的内涵，作为一种精神文化，对区教育局、区民众的心理起着积极的能动作用，甚至影响到区域内房地产项目的上马，因此，名校作为象征性符号成为区域社会、经济、教育的重要组成部分。对于拥有多所百年名校的优质学区，A区意识到已经处于必须实现区域"优质教育均衡"的关头，并愿意自觉地帮扶其他区的弱校，探索"几枝独秀"变成"满园春色"区内教育均衡之道是A区政府的追求目标。这既直接体现了"优质区"政府义务教育阶段办学的自主性，不希望市教育局插手区内学校的办学事宜，也体现出优质教育资源的有限，区内高效利用自身资源的逻辑，这也是科层制自身局限性的一个重要表征——上级权威监管的失效。我们将在下一节中讨论分析。

第三节 上级目标≠下级目标

经过以上两节的讨论，我们可以清晰地看出上下级目标之间的偏离现状。在案例市，无论是"优质区"还是"薄弱区"，它们为了生存和发展所采用的教育资源配置方式在很大程度上具有自主性，也无须依赖市政府的相关资源，导致市教育局权威监管的失效。而且，由于科层制组织有限理性和信息不对称的存在，市级政府并不充分了解基层偏好而使政策制定目标与实际执行产生偏离。究其根本，科层制本身的局限性阻碍了上级目标的实现。

一 上级权威的失效

在现行的中国政治体制下，各级政府在晋升锦标赛中相互比拼，[1] 有的区级政府正通过积极谋划区内的教育均衡改革实现政绩比较。然而，这引发了市政府的持续关注，并对自身的上级权威得不到树立有所压力。因为根据组织的互依性，当下级政府对上级政府有所依赖时，上级政府的权威才得以彰显。如果下级组织为实现目标所需资源与自有资源之间不存在缺口，它就不必通过上级政府处获得资源以填补缺口，上级政府也就无法对其实施有效控制。

从案例市来看，现实确实如此。对于 B 区来说，教师资源具有流动性特点，因此，优质教育资源的补充途径不是非要从市政府那里获取的，也可以通过区内校际间的教师流动实现优质教育资源的共享。这就如同

"把组织改造成了学习型组织，那么，组织就能'自适应'地生成组织资源，不断地提高组织绩效"①。一旦由区政府独立而自主地办学，市政府的办学设想和规划就不可能顺利地实现，如此的市区两级教育科层制关系使得市政府的权威性面临挑战。

2014 年 9 月，笔者跟随 Z 局长来到了 B 区的一所空置小学。她介绍道："这所学校暑假时已经空出来，是区里花大力气整修出来的。原来的学生都去了平安二小，我们给平安二小加盖了一栋综合楼。"谈到另一所中学，"41 中也是停招分流的状态。现在还有两届孩子，等到 2016 年就没有学生了。这两年毕业一批学生，就分流一届教师。"（QXZZYY0902）这两所学校的调整是 B 区为区内的两所名校（区第二实验中学、44 中）办分校所创造的条件。借助自身的优质学校来打造两所新建学校，而且也不依赖市政府的财政资源，B 区政府独立自主地发展区域教育。

可以看出，B 区的教育布局规划最少 3 年前就开始筹划和实施。由于学校布局调整是一个动态发展的过程，推进速度不宜过快过猛，以便让家长、社区、教师等主体有更多的知情权。② 因此，可以想象，B 区为以上两所学校的调整付出了很多时间与精力。

B 区政府为每一所分校提供每年 100 万元的经费保障，"我们不做表面文章。我们提供保障，一是按照省级现代化学校的标准，二是给干部的资金扶助，三是人员配备，把造人、用人、管人的权利交给学校。"（QXZZYY0902）

在中央政府、省级政府的政策作用下，"薄弱区"的自主办学并没有给市政府实现上级目标的"有所作为"提供施展空间。市教育局意识到自身拥有的政策、财政、人事资源并不能对区政府进行控制，进而无法维护和巩固自身的权威地位。因此，面对充满雄心壮志、自我适应性强

---

① 华白、刘沛林：《企业竞争战略选择的途径确定———一种基于资源依赖理论的分析》，《湖南社会科学》2006 年第 2 期。

② 雷万鹏：《义务教育学校布局调整——研究进展与难题破解》，《华中师范大学学报》（人文社会科学版）2014 年第 5 期。

的"薄弱区"，市教育局迫切地想将其能办的事情转化成自己的工作目标，树立起市教育局的权威形象。然而，市教育局却不具备对各区办学的行政干预权威性。

二　上级的有限理性

不言而喻，中国经济发展虽有很大的腾飞，却还没能让社会上的大多数老百姓享受到比较理想的国民福利，如义务教育，其东西部差距、城乡差距、城市内部区域的差距均有越拉越大的趋势。政府存在的理由就是为社会提供公共产品和公共服务，这是政府的职责所在。

2014 年 1 月 28 日，教育部印发《教育部办公厅关于进一步做好重点大城市义务教育免试就近入学工作的通知》。这份教基一厅 2014 年度的 1 号文件，要求 19 个大城市在 2014 年制订完善进一步规范义务教育免试就近入学的方案，L 市名列其中。随后，L 市政府出台文件，严格规定各区（市）教育行政部门全面禁止义务教育阶段的择校行为。

择校事实上包含"放权"这个概念，此外还有"摆脱政府控制""摆脱区划"。① 如今的取消择校意味着政府收回了原本赋予区政府、学校的自治权，对教育体制的改革产生深远的影响。原本以为取消择校之后，社会对市级教育主管部门的满意度会提高。案例市的现实表明，单纯地取消择校无疑将教育问题过于简单化了。根据 C 科长的说法，"今年取消择校后，打电话投诉、来政府上访的人更多了。拉横幅、静坐、堵路，比往年的情况更加严重"。（SXZCXT0806）

在"取消择校行为"的问题上，国家对义务教育免试就近入学的要求给义务教育公平发展提出了积极的信号，提高社会对国家教育政策的认同度。但是具体到基层政府，由于复杂的市情，市级政府在具体政策制定时主要针对的是户籍人口，不可能考虑到所有的细节情况。正如德

---

① 杰夫·惠迪、萨莉·鲍尔、大卫·哈尔平：《教育中的放权与择校：学校、政府和市场》，马忠虎译，教育科学出版社 2003 年版，第 39—59 页。

国古典哲学家康德的"批判式的理性论"深刻地指出的，人们必须有效地应用自己的理性能力——包括对于理性本身效力的实质了解，在真正理性化的认知过程中，理性本身的能力是有限的。[①] 这为基于有限理性的科层制组织埋下了不安的种子。对于话语权相对缺乏的城市外来人口而言，要获得与城市户籍人口同等的权力并不容易，择校的取消使他们依旧处于不利的位置（见表3.4中的事件一）。

表3.4　　　　　　　　　2014 年 7 月家长上访突出问题

事件一	B 区 5 位"新市民"为解决子女上学的问题，到市教育局所在的办公楼前集体上访，采取了堵路
时间	2014 年 7 月
起因	他们租住的房子与工作的单位不在同一个区，孩子入学报不上名。按照往年情况，有可能交一些择校费就可以入学。而今年，孩子上不了这里的公办小学，上不起每年学费接近两万元的私立小学，就可能得回老家上学
过程和结果	市教育局 C 科长和 C 秘书去接访，解释政策："就近入学是在有学位的条件下。目前各区的学位都很紧张，只能先为有本市户籍的孩子安排。然后，为满足条件的新市民[②]子女安排。最后，在有空余学位的条件下才能解决不满足条件的新市民子女。"市教育局纪委的工作人员也参加接访工作。交警部门负责疏导交通
事件二	B 区某小区的 5 户居民（主要是各家的爷爷、奶奶和小孩）在市政府办公大楼前静坐，拉着横幅"求见市委书记 L 爷爷"，引起政府部门的重视和路人的围观
时间	2014 年 7 月
起因	他们不满意市政府"就近入学"的强制政策，要求 5 个孩子必须去另一所较近但是更优质的小学入学。当然，这个区划安排已经实施很多年了，往年也有很多不满意的市民，却未采取上访手段，而是通过"择校"让孩子接受优质教育
过程和结果	市教育局、纪委等近 20 名工作人员接访。但是，他们不同意撤横幅，也不和市教育局的工作人员沟通，坚持要见 L 书记。老人、孩子在烈日下静坐，大约 6 个钟头后，才同意去会议室谈判

---

① 康德：《纯粹理性批判》，李秋零译，中国人民大学出版社2004年版，第25页。

② "新市民"：2006年2月15日开始，L市为使120万外来务工人员享受与市民平等的待遇，提高他们的社会地位，将外来务工人员改称为"新市民"，其子女称为"新市民子女"。

通过表3.4的事件二，可以看出L市一些城市户籍人口也对政府新出台的教育政策非常不满。既然"取消择校"了，这部分民众竟然还要求择校，恰恰说明了他们对优质教育的需求是多么强烈。事件一和事件二表明，L市政府制定的"取消择校"引发了争议，并没有如市教育局官员预想的引发民众的广泛好评，反而受到质疑。对此，市教育局J主任深有感慨："现在的义务教育改革，市政府很着急出成果。区里真正的教育需求是什么？不是如此简单地制定方案。我们没有沉下心去调研。不过也没有足够的能力，我们和区教育局根本不是上下级的关系嘛。"（SXZJT08013）

如果充分调研各区政府、学校，了解基层"就近入学"区划与教育需求后再制定教育政策，那么，市政府的有限理性会得到弥补。而且政府必须被民众看到正在采取措施促使教育改革被广泛认可。既然"就近入学"的强制性政策是由市政府制定的，区政府并没有处理好均衡办学问题，从而造成"就近入学"区划内相邻学校的质量差距较大，那么，市政府正好借此"上访事件"干预B区的办学行为，改善上下级之间的目标偏离现状。然而，市教育局却不具备对各区办学的行政干预权，因此，市政府需要为市教育局赋予一个统筹市域教育管理的契机。

三　上下级之间的信息不对称

上文讨论的"上级的有限理性"，实际上也反映着上下级之间的信息不对称，拥有中央政府、省政府政策信息的市政府在政策制定的过程中具有相对独立性。

同样，在全市义务教育学校的布局调整政策制定中，L市的发改委、市建设、市城市规划、市国土、市财政是负责学校布局规划的主要行政机构，市教育局起到会同作用。而各区教育局并没有参与其中。在C区教育局官员看来，学校的服务半径设定、校均规模、新建商品房的配套学校选址等问题，区教育局更有发言权。如此相对不健全的沟通机制，导致了区内学校建设规模与学生实际数量之间的摩擦。

　　的确，非教育部门的政府机构多于教育部门出现在关乎各区教育的重大决策过程中，这对合理配置教育资源带来难度，反映了信息不对称问题。学校的布局调整是教育资源均衡配置的第一步，无论在与规划部门的沟通，还是与建设部门的合作中，市区两级教育部门都无法获得全部的信息量，与其他部门存在一些信息不对称的问题。

　　"2014 年年初，我区中小学中外来务工子女学生数为 16453 人，占全区学生总数的 46.6%，占到市内三区①外来务工子女学生总数的 1/2。2013 年，新入学外来务工子女人数超过我区入学总数的 50%。由于历史原因遗留下的学校布局不合理，而在新一轮学校布局中，局部又形成了学校建设规模小与生源数量大的矛盾。"②

　　其实，除了义务教育学校布局的矛盾之外，上级对教师编制的约束也反映了对基层教育现状变化的不了解。市政府对学校干部、教师的定编，并没有根据最近的教育发展需求做出及时调整。

　　2009 年和 2010 年的小学新入学人数之和大约 7250 人，而到了 2011年和 2012 年的人数之和达到了近 8800 人，两年内学生增长速度超过20%，而到 2013 年和 2014 年数量已接近 12000 人，增幅更是达到了36.4%，但市政府设定的学校教师的编制数多年不变，引入新教师数与学生数的增速不成比例，给学校的教育教学任务带来较大的困难。③

　　科层制所暴露出的上下级信息不对称问题，增加了政府、学校在教育均衡发展道路中"走弯路"的可能性。因此，市教育主管部门呼唤相对平等的沟通平台的建立，这也是弥补科层制组织局限性的核心手段。

---

　　①　市内三区，指的是 A 区、B 区、C 区。
　　②　《C 区 2014 年义务教育工作报告》。
　　③　《C 区 2014 年义务教育均衡发展材料》。

第四节 教育管理困境中关键因素的出现

一 市委、市政府"一把手"的批示

经过前文分析，我们得知：从表面上看，市域不均衡的办学行为是各区在政策执行、硬件设施投入、师资安排上与市政府存在的分歧，但实质上却是在上下级的等级秩序下，由科层制组织的局限性所造成的必然结果。因此，市教育局陷入了一种教育管理的困境。然而，一份重要的批示打破了L市教育均衡改革舞台上的平静。

省委常委、市委L书记在市委办公厅《关于围绕"学有优教"目标 加快推进我市义务教育高水平均衡发展的调查与建议》（《市委督查》第65期）上作了批示，具体内容是：

W、D同志：

我市义务教育总体水平不断提升，均衡发展成效明显，但任重道远。五条建议赞同，望再深化，明确责任，市委择机（教师节前夕）专题听取我市义务教育发展情况。

2014年7月23日

教育的社会和经济效益远不如更能昭示政绩的城市经济增长和高新区的发展项目，因此，一旦市委"一把手"开始关注全市教育均衡发展，同时把它放在自己的工作日程当中，他的意图在政府组织内部会被一层层地放大。通过自上而下的指令，从核心部门到参谋机构，再到参谋机构的子部门，即市委办公厅—市教育局—市教育局基础教育处，一把手的权威得以体现和逐级强化。面对上级的批示话语，由科层制环境所塑造的市区两级教育行政人员会感受强大的政治压力。行政科层制下纯粹的纵向权利运作——其中的向上负责制和激励机制使得基层官员对于来自上级的指令十分敏感。①

　　因此，L市教育局整个基础教育处都深切感到，市域教育均衡改革是市政府的一件重大工程，必须集中力量尽快去办，而且市委书记对他们的职业发展前途也有重要的话语权。当市教育局官员表态要进行跨区域的"名校办分校"时，区教育局官员也表现出"不得不"配合的姿态。B区教育局的Z局长说："这次市里改革创意是我们的。这个事情我们早就想好了，也是一直在做的。如果没有市教育局的政策，我们的二实验中学、44中、47中也能建分校的。现在市政府这么要求，也是顺茬儿②了。"（QXZZYY0902）

　　笔者能感受到Z对市教育局对B区的"模仿"甚至"复制"，有一种鱼鲠在喉的无奈。但是，"一把手"批示力量确实赋予了市教育局一定的行政权威性，决定了区教育局不可能再以自身"名校"实现自身"弱校"办学水平的提升。

二　批示的含义

　　这份不足70字的领导批示在市教育局的官员眼里洞察出了三项含义。

　　含义1：责任到人

　　批示开头指向的是市政府分管教育工作的W市长和市教育局D局长。因此，他们在前文论述的"跨区域合作办学"组织形式中占据了核心的战略层地带。尤其是D，作为从L市"城市管理行政执法局"就任市教育局不久的有着博士头衔的局长，"一把手"的批示赋予了他施展抱负和教育理念的机会以及"纠偏"的合法性。

　　含义2：教育均衡发展

　　对于L市教育均衡发展存在的问题，D局长是清楚的，"长期以来我

---

　　① 周雪光：《基层政府间的"共谋现象"：一个政府行为的制度逻辑》，《开放时代》2009年第12期；周黎安：《中国地方官员的晋升锦标赛模式研究》，《经济研究》2007年第7期。

　　② 顺茬儿：一种方言，含义是"顺心事"。

们强调区域均衡，以县域为单位，包括国家最近开展的活动，强调国家义务教育均衡县达标，我们去年通过了 A 区、B 区、C 区、D 区。今年有 E 区、F 市、G 市和 J 区要通过国家义务教育均衡县的验收。在这个基础上更进一步，要向市域均衡发展"。(SXZDYF0828) 因此，市教育局当务之急是推进市域教育均衡改革。

有了"一把手"的批示，市教育局可以调动各区进行合作办学，将区级政府能办的事情调控过来；并且市财政也为市教育局的改革提供助力。它同意给予每一个"跨区域合作办学"的分校每年 100 万元（共 3 年）的跨区域补助。如此一来，市政府每年的配套资金会给各区政府戴上"紧箍咒"，即使是很少的一部分钱，学校也得事无巨细地说明去处。这增强了市教育局对各区教育局及其学校的控制力。

含义 3：明确 deadline（教师节）

在"一把手"的批示下，市教育局有了务必在教师节前，甚至是 9 月 1 日新学期开学前完成对市域优质教育资源的重新配置工作。这种意图为市教育局增添了巨大的工作压力。不过，市政府已经成为市教育局各部门进行市域统筹改革的后盾。在这种放权体制下，市教育局年初的工作计划被束之高阁，将暑期两个月的时间完全投入到这件紧急事务中。据市教育局基础教育处工作人员的介绍，"因为顾及教育系统放假的特点，行政部门一般在暑期里组织的各级会议是很少的，然而今年却反而增多起来"。(SXZWLM0804)

尤其是作为直接负责的业务部门，基础教育处必须充分展示其工作能力和办事效率。在这个仅有 9 名工作人员的业务处室，除了 J 处长全面主持工作外，每个人都有具体负责的领域。3 位副处长分管的工作也由其余 5 位工作人员适时地分担。义务教育均衡发展属于 G 副处长的职责范围，在草拟文件、汇总材料、联络学校方面，C 主任一直是 G 的帮手。他俩为此次的办学改革加班加点地忙碌起来。"L 书记看了一些上报材料并作了批示。这是'一把手'工程嘛，只要领导一拍板，工作就好做起来。"(SXZCT0815)

的确，教育改革能否真正落实是与一把手有很大关系的。在 M 型的组织形式中，教育部门是市政府的参谋机构，不过相比财政部门、人事部门，它似乎在战略层面并不具有强势权力和核心地位。也就是说，教育部门对"一把手"的权力依赖包含了他所占据的科层制的特殊地位继而衍生出来的政策支持、财政配置、人员调动等诸多方面权力的依赖。这种依赖有时候不是基于教育服务的，而是教育部门为了争取自身更大的生存空间。因此，在总结教育改革经验时，一句"领导重视"不是虚话。"一把手"工程，既充分利用了政治压力，又是一种调动各部门力量的有效方式。由此可见，市教育局"纠偏"的启动明显受到了"一把手"批示的影响，它为科层制的"纠偏"提供了原动力。

第五节　本章小结

本章主要围绕外部环境中的上级意图、下级意图，对上下级的目标偏离状况及科层制究竟"偏在哪里"进行了分析。

从上级目标来看，中央政府、省级政府、市级政府的政策法规，在科层制内得到层层的细化。市教育局又将意图和信号赋予科层制组织环境里的"优质区"与"薄弱区"。然而，下级政府的真实目标与上级目标不一致，从而阻碍了上级意图的实现。这种目标偏离状况是科层制组织的局限性所决定的，即权威监管的失效、有限理性、信息不对称。在科层制的体制下，由于市教育局不具备相应的行政权威性，因此陷入一种"不得不为"同时又"难以作为"的教育管理困境。

但是，市委、市政府"一把手"批示的出现打破了市教育局的管理困境，为它落实跨区域改革方案注入了源源不断的动力，这是科层制组织"为什么纠偏"的缘由所在，即外部环境所给予的政治紧张氛围所引发的。

第四章　政治动员

"跨区域合作办学"的组织形式的发展时期正是科层制纠偏的重要时期。在这一时期，战略层通过建立义务教育均衡发展联席会议增强信息流动、加大市教育局的领导力，实现对科层制组织局限性的"低度纠偏"。而科层制固有的横向结构与纵向结构上的阻力，分别成为影响与制约市教育局"中度纠偏"与"高度纠偏"的难题。但这并不意味着科层制的纠偏无法推动下去，在以市教育局局长为首的组织精英的协调下，科层制通过举办"跨区域合作办学"组织形式的签约仪式，对上下级意图进行了契约确认，使科层制纠偏机制得以建立。

第一节　低度纠偏："上下级动员"

一　共同决策——"纠"信息不对称

政治动员首先是对高度集中化会议形式的催生。2014 年 8 月，L 市教育局统一召开了四次关于"加快办学模式改革、进一步扩大优质教育资源"的会议，可分别简称为 8·6 调度会、8·13 座谈会、8·19 推进会、8·27 准备会（见表 4.1）。

我们从会议时间列可以观察到，市教育局组织的会议是在教育系统放暑假期间密集召开的。从会议主持人的情况来看，市教育局的 Z 局长和 J 处长参加了上述所有会议，实际上 Z 和 J 的职责范围不仅限于义务教育方面。如此看来，市教育局对这项改革的重视程度是极高的，暂时叫停了 Z 和 J 的常规工作，专心投入到本次改革中，不断纠正上下级目标间的偏差。

表 4.1　　　　有关"市域教育均衡发展"的会议情况统计

时间	地点	主持人	参与人员
8·6 调度会	市教育局会议室	Z、J	六区四市的教育局基础教育科科长
8·13 座谈会	市教育局会议室	Z、J	A 区、B 区、C 区教育局分管局长；58 中、市实验初中、39 中、D 校、新世纪小学、市实验小学校长；华青负责人
8·19 推进会	市教育局会议室	Z、J	A 区、B 区、C 区教育局分管局长；58 中、市实验初中、39 中、D 校、新世纪小学、市实验小学校长；华青负责人
8·27 准备会	市教育局会议室	Z、J	A 区、B 区、C 区教育局分管局长，58 中、市实验初中、39 中、D 校、新世纪小学、市实验小学校长；华青负责人

过去，在市教育局组织会议时，各区根据其所发布的会议通知单上的出席范围和具体要求，委派相应人员参会。一个区的教育局人员相互替会的情况时有发生，会后传达也是被允许的。然而，在 8·6 调度会的一开场，J 就严肃批评个别区（市）出现的替会现象，并指出"某某"没有请假，并且强调他一定要过来接受会议精神的传达。不过，参与本次改革的区教育局、学校、企业的相关负责人都出席了会议。在义务教育阶段，L 市的所有小学和大部分中学是由所在区政府管理。参与本次改革的区教育局直属的学校有市实验小学、31 中、62 中。作为"名校"，市实验小学的校长被要求出席，31 中和 62 中校长未被要求出席，由所在区的教育局传达信息到学校。

各区、各学校如果参加历次会议，就可以做好充分思想准备，如有异议可以直接表达意见与建议。可以看出，战略层为组织层级间的互动提供了专门的协调空间，即由市教育局负责召开磋商会议，开启利益群体之间的对话模式。对话的重要性在于，科层制组织原本的等级秩序增加了信息的传递路线，限制了信息的有效传递，而适宜的"纠偏"是要各方在某种程度上达成共识。战略层可以通过以上会议安排来传达上级目标，并绕开职能层的架构，将"跨区域的合作办学"意图"一竿到底"地向职能层、作业层同时表述出来。

因此，政治动员一旦开始，市教育局每天都在与职能层、作业层打交道，下达会议通知、整理会议纪要，向战略层汇报会议精神，处于事无巨细地联络统筹的节奏中，已经完全打破过去只负责制定长期规划的"高高在上"的状态。"执行的链条越长，不同层级间的利益关系就越不一致，信息遗漏和失真的程度则越高，信息不对称的程度也就越深。"①而案例市教育局的组织形式减少了信息传播链条。因此，基于密集式开会的共同决策方式可以减少信息不对称的问题。

二 合作方案——"纠"有限理性

科层制对信息不对称的纠偏，覆盖了其纠偏的全过程，相对平等的共同决策氛围也为继续纠偏提供了有利的平台。在此基础上，市教育局会依据其他地市的经验，向利益群体提供合作方案的集合，也就是下文的五种合作办学形式，试图弥补自身的有限理性。

第一，学区制改革。以优质学校为龙头，吸纳周边中小学组建学区；建立学区内成员学校间学校管理、队伍配置、教学管理、基础设施和考核评价等优质教育资源共享机制。

第二，名校集团化办学改革。由一所优质学校与一所或几所弱校，又或者新建学校组建教育集团；建立教育集团内学校间学校管理、队伍配置、教学管理、基础设施和考核评价等优质教育资源共享机制。

第三，名校办分校改革。由一所优质学校开办一所或几所分校；建

---

① 艾云：《上下级政府间"考核检查"与"应对"过程的组织学分析》，《社会》2011年第3期。

立优质学校与分校间学校管理、队伍配置、教学管理、基础设施、考核评价和财务管理等一体化机制。

第四，高校或科研院所辐射中小学改革。通过建立高校或科研院所附属学校、实验学校等形式，建立高校或科研院所专家、课程及实验室等教育资源对中小学的引领机制。

第五，委托管理改革。选取优质学校（含普通高中学校）或优质教育中介机构等优质教育资源，由区（市）级财政支持，经双方自由结合，建立对薄弱学校尤其是农村中小学校委托管理机制。

J处长负责详细介绍了其他省、市开展以上合作办学形式的情况，尤其是谈到要借鉴上海市委托管理的先进经验，如推进"集团化办学""名校＋弱校"改革，推进跨区域拓展优质教育资源改革试验。在对以上方案有了一个相对清晰的认识后，根据市域教育均衡的目标，利益群体确定了两种形式：方案1和方案2。

1. 方案1：名校集团化办学

该方案从本质上看，关键在于市教育行政部门的"放权"，让教育集团在人、财、事的具体管理上获得自主权。一是教师的人事管理权，市人事局负责教师编制，教育集团有权力对内部学校的教师进行招聘和调配；二是财权，市教育局负责拨款和监管，教育集团有权力自主安排经费在内部学校之间的具体使用；三是招生权，教育集团对内部学校的招生拥有调配权。从全国来看，名校集团化办学在温州市鹿城区、绍兴市越城区得到过应用，在具体运作方向上主要包括三种。

（1）方向一：名校＋弱校。名校为教育集团学校的总校，弱校为总校的校区。总校与校区之间实行行政、人事、财务的统一管理，逐步促进弱校在教育理念、教学管理和教学科研上向名校的转化。

（2）方向二：名校＋新校。在城市化改革的进程中，各区新建、改扩建了一批新学校。为了促进新建学校的高位发展，教育集团采取以强带弱的办学方式，将新校作为名校扩大办学规模的一个新校区。

（3）方向三：名校＋民校。将公办、民办等不同性质的办学主体捆绑在一起，实行不同法人资格制度，有的类似总公司与分公司的法人关系，有的类似母公司与子公司的法人关系。此种方式适用于以公办、民办学校混合体为办学主体的教育集团。

从已有案例的使用效果上看，运用教育集团化办学的案例，区域确实缩短了薄弱学校与新建学校的成长周期。更为重要的是，由于该方案在政府外部层面自建了基于教育集团的学校交流平台，因此它客观上有利于不同区域间教师的流动，而不必依赖政府的协调作用。从这个意义上说，该方案似乎比较彻底地解决了师资共享和学校协同的问题。

2. 方案 2：名校办分校

如果说前一种合作办学模式的核心是教育集团自建的师资共享平台，那么第二种方案的吸引力则是优秀的学校管理技术。它是指名校和分校均接受市教育局的领导，名校校长既是原学校的校长，又是分校的校长。分校在业务上接受名校的指导。两所学校保持人、财、事方面的独立，而在办学理念、教学管理、组织文化等方面相对统一。该方案已在 L 市的第 2 中学和第 25 中学之间有较好的应用。名校长的办学思路和管理方式推进了分校教育教学改革的不断创新，科学引导了教师队伍的专业发展。因此，这种方案更适合同一区域内的学校整合，或是同一学段的市教育局直属学校之间的整合，相比于跨区域的行政壁垒，它不需要政府再花力气去协调两所学校的校长任命问题。

若从效率的角度来看，第一种方案彻底解决了跨区域的难题，强调在教育集团层面建立起独立的学校管理体制。从战略层和职能层的角度看，第二种方案更侧重政府主导建立的教育管理体制，符合政府权力的控制作用，更加符合战略层进行政治动员的目的。从学校与环境关系的角度看，将学校实践教学和对学生综合素质的培养内化到教育集团中总校的建设中，在客观上降低了学校对政府的依赖，不利于学校的特色发展。因此，组织合作方案的分析结果是"跨区域的名校办分校"。

从以上组织决策过程可以看出，依据过去各地的教育改革的方向和自身的需要来确定合作方案的安排无疑是最保险的选择，也是相对理性的选择。因为这样趋同化的合作方案更有可能被上级政府所认同，也能够被下级政府与学校所接纳，即如此的合作方案的抉择过程既有利于弥补有限理性，又没有对科层制的等级结构进行挑战。

三　办学协议——"纠"权威监管的失效

市教育局提供的办学协议的初稿是依照 2013 年 J 区与 A 区、W 企业的三方协议模板拟定的。通过比对老协议稿与会议提供的初稿，我们可以发现两方面的特点：一是初稿可以视为 2013 年协议书整体框架的复制版，仅对甲方、乙方的名称，办学时间，资金来源等细节做了改动。二是初稿在协议书的基础上，更加突出了市教育局的职责：在办学初期和结束时分别对甲乙双方的办学情况进行初态评估和绩效评估；每年以"以奖代补"方式对乙方学校进行一定资金奖励；并在干部、教师待遇落实方面给予政策支持（具体内容见附录 A）。

G 副处长承认本次协议初稿是借鉴了过去的三方协议，J 处长对此表示支持，"办学协议根据的是之前 A 区、J 区、W 企业这三方的办学协议。那时候，我们一年开了 N 次会，对逐条内容研究过了的。"（SXZJYS0813）"初始的制度选择会强化现存制度的刺激和惯性，使教育沿着原有的制度变迁路径和既定的方向前进"[1]，而且在政治动员的强大背景下，研究过去经验有助于更有效地解决现在的问题。这种做法不仅有助于克服有限理性，更说明了市教育局在办学协议中树立起权威监管的地位。

各方在会上共同阅读初稿，Z 局长提出"修改完善稿子"的会议目标。"把稿子中'派业务副校长'改成'派副校长'"，"派'3—5 名左右老师'，可以把'左右'去掉"。会场上充斥着许多"不作为"的修改。事实上，参与各方（20 余位代表）第一次围坐在一起，初稿的出现已经很好地宣示了战略层对市教育局行政权威性的认可。虽然职能层与

---

① 谈松华、王建：《教育现代化区域发展模式研究》，北京师范大学出版集团 2011 年版。

作业层的代表均可以在会上提出修改意见，但是参加了过去"N 次会"的 Z、J 具有更多地促进协同的工作经验，他们不时地强调市教育局对于合作各方的监管作用，塑造出一种市教育局主导的办学协议标准。而其他与会者都在低头琢磨手中刚刚接触的协议初稿。

战略层同意含有"市教育局监督细则"办学协议初稿的提供，就像市政府对市教育局的授权一样，有种润物细无声地权威赋予的感觉。这种上级意图看似含蓄，却又清楚地界定了市教育局在本次教育改革过程中和过去一样，承担有监督的权限。一旦办学协议被各方签署，相关的区教育局、学校等都要受制于市教育局。

第二节　中度纠偏：应对科层制横向结构的阻力

一　合作方案的分解

为了尽快达成对 L 市教育资源优化配置的政治任务，首先，战略层将"跨区域合作办学"政策目标进行分解，划分为四类子目标，一是公办名校以新建分校的形式帮扶公办学校的形式，二是公办名校在公办老校基础上的合作办学形式，三是民办名校帮扶公办薄弱学校的合作形式，四是民办名校帮扶公办新建学校的合作形式。其次，战略层召集职能层和作业层，会商它们所能提供的学校情况。最后，政治任务简化成 9 对学校之间的跨区域合作（见表4.2），四类子目标分别对应的学校是，对4，对6，对7，对8，对9；对3，对5；对2；对1。

市教育局在"纠偏"的过程中，通过对合作方案的分解，将不同区域、不同属性的学校结成了对应关系，打通了人员交流和信息传播的渠道，将优质的教育资源在全市范围内进行辐射，希望得到社会的广泛支持，从而使政府行为得到信任和理解。在短期内各区域之间要完成这么多对学校之间的合作，这本身就是一个令人惊叹的政治动员过程。但是，合作方案的分解不是难点，校长对合作方案的认同才是市教育局亟待解决的问题，尤其是名校校长的认同。因为，配对学校之间不是将资金、

流动教师做简单的嫁接，而是要通过制定相应的规则来保障参与流动的
干部与教师的权利。

表4.2　　　　　　　　　　9 对合作办学的学校情况统计

编码	输出学校	输入学校	学校选址
对1	新世纪小学	宾川路小学	
对2	D 校	31 中，加挂 D 校 C 区分校牌子	
对3	39 中	39 中 C 区分校	64 中校址
对4		39 中 B 区分校	原 41 中校址
对5	58 中	62 中	
对6	市实验小学	广水路小学	
对7	市实验中学	市实验中学 B 区分校	原 B 区第二实验小学为东校区，发动机厂 中学（待建中）为西校区
对8		市实验中学 C 区分校	麦坡社区
对9		市实验中学 D 区分校	北村居住区

二　名校办三所分校

本次义务教育均衡化改革的要点是以跨区域联合办学的方式来达到
市域优质教育资源的均衡，具体而言，是形成以 A 区为核心，其优质教
育资源向其他 3 区（B 区、C 区、D 区）辐射的改革氛围，因此，市实验
中学到以上 3 个区分别办 1 所分校的形式应运而生。从政府的角度看，不
管是过去还是现在，这所最好的公办初中在各级政府的资助和关怀下获
得的是最佳的教育资源配置。"优质学校有义务扶持薄弱学校。名校的培
养，是区市两级政府培养出来的！这也是对品牌学校最好的宣扬，校长
和老师得到锻炼。不是纯付出。"（SXZZMS0819）。市域教育均衡发展已
经对优质学校（过去称"重点"）提出了新要求，即从关注学校权利到强
调学校义务的转变。在过去，围绕重点学校的议论集中在如何打造成省
级乃至国家级示范性的学校，而当前政府注重教育公平的办学理念是要
求公办名校履行社会责任，以一种政治任务的高度对整个区域的教育发

展进行努力。因此，政府采取名校办分校的方式利用并提高它们的重要价值。"名校办分校，立竿见影，采用一套领导班子"，"办分校是非常快的方式。必须是名校，必须是名校长，一下子成了3个学校的校长"，市教育局官员的声音如此激荡。

　　然而，战略层制定1所名校建立3所分校的策略，似乎是采取了一种在声势上极端的而不是实际上促进教育均衡的方式，这符合科层组织派发"政治任务"的特点。由于时间及有限理性所限，使得战略层难以对1所名校实际办分校的承载能力做出准确判断，不得不借助过往的信号（如办分校的经验）进行间接估计。2003年，市实验中学（2003—2010年曾用名"育才中学"）曾经扶助D校起步，并坚持9年的干部和教师流动；2013年，它又与J区的一所新建中学结成帮扶对子，挂了市实验中学分校的牌子。一直以来，市实验中学在全市拥有最好的办学声誉，于是形成了名校品牌效应。就在2013年，D区新成立了一所育才中学，当年的学生报名异常火爆，原因是家长和学生误认为这又是市实验中学的一处分校。可以想象，当民众面临新建学校无法感知其未来的办学质量时，学校名称是一种外显信号，是能够被人们轻易感知到的，于是，这种"名校"信号可以对家长产生正向的引导作用。如同B区Z局长所言，"优质学校的名称是一种无形资本。39中和41中的合作，校名还是定'39中分校'比较好。这样老百姓比较认"。（QXZZYY0902）

　　因此，对于市政府而言，1所名校可以在对薄弱区的"帮扶"时充当政策工具，快速完成一些短期性教育投入手段无法达成的目标。我们讨论的前提是，这些被选的学校，政府都对其能力或成绩进行过评估，它们能够为政府和社会承担起责任。否则，1所名校建3所分校，同时派出3位副校长、3位中层干部、9—15名骨干教师，不仅意味着教育政策的矫枉过正，还有可能出现一种后果，如同产品的声誉体系所发挥的作用一样，当学校的办学规模扩展到某种程度后，它的地位信号优势就会逐渐丧失，从而促进学校约束规模的继续扩张。① 反之，一个不良的声誉机制，则会使学校沽名钓誉、舍本逐末，从而使名校的金字招牌被不断地稀释。

三　自我造血能力强

笔者原以为，名校办分校之后，"名校"校长的精力被两校、3校甚至4校所分摊，在任何一所学校都倾注不了与原来等值的心血。但是，根据两位名校校长（M校长、B校长）所言，建分校的任务并未影响到学校运行反而增加了学校发展的机会。

"要派出干部、教师，对我们的精力有影响。这是互动的过程。我们学校有高处不胜寒的感觉。加强内部驱动，让干部、教师队伍发展动力活跃起来。按照市教育局要求和与区教育局的约定，派出1名副校长、1名中层干部、3—5名教师到分校去作为运转核心。对他们是个锻炼，同时引进来新的力量，对我们内部是一个激活，会暂时对师资有影响，通过循环、运转、造血，对未来有好处。"（XZZFY0901）如果说M校长对承担3所分校的任务有少许担忧的话，办两所分校的B校长的态度更加淡定："办分校不是靠'输血'，而是要培养自身的'造血'功能。我们有着很强的'造血'能力，学校将有计划地提前储备部分师资，今年就启动面向全国招聘教师工作，招聘来的教师将在本校接受半年以上的培训，然后进驻分校。而从全国各地招聘来的优秀教师，必将会对本校教师带来教学理念、教学技能的碰撞、交流和提升。"（XZBGX0901）可以明显看出，公办学校服务于上级委派的政治任务。对于两所市政府财政拨款、市教育局直属的公办中学，政府一直有着掌控并引导其成功发展的强烈意图，特别是在重大教育改革面前赋予学校更多的使命。当这些学校受到强大的行政力量驱使时，它们的权利更多的是参与权而不是选择权。因此，在市教育局政治动员的情势中，局属学校的存在并不是能

---

① 阎凤桥：《大学的办学质量与声誉机制》，《国家教育行政学院学报》2012年第12期。

从市教育局那里获得什么财政资源，而是在于能为市教育局做些什么力所能及的事情。而且，对于公立学校的管理层而言，战略层还制约着校长考核评价、合理流动、用人选人等环节。因此，1 所名校办两所分校、甚至 3 所分校，同时得到校长们的一致认同，这并不是教育官员们"拍脑袋"想出的创新模式，而是一种看似不合理却又符合政治动员的结果。

四　校长诉求浮出水面

如前文所述，在科层制的体制下，公办学校不可避免地被烙上科层制组织的印记，也正因为这个特点，干部指数、教师编制等问题才会牢牢地束缚着公办学校的生存和发展。而且，一名优秀教师被派往弱校，已经习惯了名校的组织文化的他可能会感受到新的压力与挑战，仅依靠单纯的行政命令无法保证流动教师群体的毫无怨言。因此，在确定了名校办分校的组织方案后，B 校长立马向 J 处长表达了诉求：

"1. 派 2 位副校长出去，市里是否可以给我们增加副校长的名额。

2. 中层干部，给我们考虑。骨干教师，给我们配备教师，要考虑我们。

3. 在教师的编制上给予增加。不能由于派出去，造成自己师资不足。

4. 让老师支持和拥护这个事，从中受益。"（XZBGX0813）

M 校长没有提以上要求，而是强调签订契约的重要性，"合作的前、中、后，分别做什么？必须要有契约。有的单位想做契约，有的单位可能不想做契约。我认为必须有契约精神"。（XZML0813）市教育局基础教育处在教师人事、编制、补贴等方面的无权，使得 M 寄希望于这些问题的出路在契约中能有所体现。

另外，校长们除了希望市政府增加副校长指数（老规定是 1 所学校是 3 个副校长）、中层干部和教师的编制名额，还对教师支教的经历应该如何计算的问题尤为关注，是 3 年折算成 1 年支教经历还是 3 年就等同于有 3 年经历。L 市 2013 年起规定：城镇义务教育阶段学校教师晋升高级教师职称应当具备 1 年以上在农村学校任教经历。中小学正高级教师实行 5 年聘期管理，聘期内也必须到农村或薄弱学校支教或教学指导累计 1 年以上。因此，本次城区内的教师流动是否适用于以上规定，并且，3 年的支教经历与其他城区内的 1 年教师流动是否存在激励差异，如教师流动结束后是否有升职机会，这都是校长代表流动教师群体所提出的问题。

无论如何，"改革在国家层面缺乏对教师的咨询，很容易形成低度信任的科层制度"。① 教师群体可能会认识到这是有利于本地教育发展的重大变革，但不一定对改革形成全方位的认同。因为他们没有参与决策，也没有获得充分的信息。的确，教师流动会触及当事人的切身利益。如果教育行政部门在操作过程中不能有效考虑教师利益，而是强制性地推进，使得流动教师缺少必要的了解，将降低工作积极性，这就违背了本次教育改革的政策初衷。一旦他们被确定为流动到新学校的人选，他们在转变过程中的待遇和权利就是关注的热点。通常，在办分校任务多的学校，比如市实验中学和 39 中，流动教师是相对的骨干群体，实行流动的阻力主要是待遇和级别以及 3 年后的岗位问题。

虽然校长们在公开会议上获得了诉求表达的空间，但是他们所反映的上述问题在现有政策规定的范围内是不可能实现的。目前，国家已明确全国教师编制总量"只减不增"的目标。虽然市教育局在"纠偏"的过程中有着市政府的支持，这并不代表它有能力满足公办学校校长及教师的上述需求。而且，L 市已经面临着中小学教师缺编现实的考验。

一方面，存在教师结构性缺编的问题，特别是音乐、体育、美术、信息技术等学科专任教师数量不足。为适应经济社会的发展、进一步提高教学质量，L 市按照中央政府和省政府的规定要求，全面推进教学组织形式、教学方式等方面的改革创新，开始实施"小班化教育"。2014 年，中小学起始年级 60% 以上班的学生数不超过 40 人（原规定为小学每班学

---

① Sullivan, K., "The Impact of Education Reform on Teachers' Professional Ideologies", *New Zealand Journal of Educational Studies*, 29（1），1994：3–20.

生数不超过 45 人，初中每班学生数不超过 50 人）；2015 年，该比例要求达到 85% 以上；2016 年，该比例达到 90% 以上，小班化教育普及率及教育教学质量达到全国同类城市先进水平。然而，在班级生均人数减少、班额增加、特色课程增多的情况下，教师数量却仍执行 2012 年的编制标准。教师数量不能按实际需要相应地增加，因此出现了新的教师缺口。

另一方面，存在女性教师的特殊性。正如 58 中副校长在会上所提到的，本学期学校有 6 名女教师休产假，导致学校人力资源很紧张。市人事部门为避免休产假对学校的教师资源配置产生冲击而每年都进行教师编制的调整，显然是不可能的。

五 "法约尔桥"（N）：跨部门协调

在上述情况下，市政府面对校长们的诉求没有适当的解决办法，也就是说，正式的"上下级动员""无从下手"。然而，教师编制的问题确实对"名校"正常运行很重要，因此，市教育局基础教育处的 J、G 开始发挥组织精英的才智，"市人社局指出，教师已经超编，不会再给这些学校指数。我们能做的只能帮学校协调"。（SXZGYX0815）

他们认为，虽然改变缺编现状较为困难，但仍然可以在全市教育系统内进行干部指标、教师编制的协调工作。这就需要市教育局各个处室进行沟通和协调。根据科层制严格而明确的部门分工，市教育局组织部门、人事部门、财政部门分别负责副校长指数、教师编制、教师补贴的管理事务。通常情况下，当市教育局的某一部门需要另一部门的配合时，需要上报给局级领导层，由它们进行部署与整合。部门之间的"私下协调"是违反等级制固有秩序的，必须以尊重局级领导层为基本前提。然而，在特定的环境下，市教育局各部门的行动者会搁置原本确定的权力边界和部门利益，相互配合，这构成了"法约尔桥"跨部门沟通的前提条件。正因为战略层的存在与默许，才给基础教育处的协调工作提供了坚实的后盾。

因此，基础教育处为公办学校"私下协调"教师数量，耗费了大量的时间和精力，显然比之前"低度纠偏"所付出的努力更多，可归为"中度纠偏"阶段。

最终，市教育局基础教育处与组织部门协调好公立学校的副校长指标问题，也和人事部门就教师安排问题进行了协商。Z 局长在 8·19 会议上给予了三点答复："第一，市教育局组织处同意，可以向输出学校多安排 1 位副校长、1 位中层干部。第二，市教育局人事处同意，可以优先为输出学校安排教师。第三，市教育局基础教育处会将输出校派出去的教师都算作支教经历。到底是派出去 3 年算 1 年支教经历，还是 1 年算 1 年，稍后再议。"（SXZZMS0819）

至此，在科层制"上下级动员"的前提下，市教育局又借助"法约尔桥"（N）的作用，使得"纠偏"（有限理性）的反应速度变得更快，且更灵敏。

第三节　高度纠偏：应对科层制纵向结构的阻力

无论是从"优质区"到"薄弱区"，还是从名校到薄弱学校，科层制对这种优质教育资源流动方式的推行，无疑强化了从强到弱的等级差异。这种区域间教育差距的资源诱导却给"薄弱区"的区政府官员带来了一定的行政压力。一般来说，区财政对义务教育的投入，在财力状况一定的条件下取决于区级领导对教育的态度，若有意愿也可能会在区财政力量较弱的情况下优先安排和保障教育维持与发展的经费。[①] 因此，可以想象，科层制的纠偏机制不仅在表面上触碰到了区域不均衡的办学行为，还对当地政府官员教育管理的反应造成了直接冲击。结果是，在这种政治角力过程中，"薄弱区"政府认为自己的区教育局办学不错，它对下属的"力挺"使得"薄弱区"的教育局理所应当地成为合作办学协议审核

---

① 郭建如：《中国农村义务教育财政体制变革与义务教育发展：社会学透视》，民族出版社 2010 年版，第 139 页。

过程中的延缓者。区教育局的拖延或回避态度，恰恰反映出区政府的层级设置为其提供了较强的保护力量。如何应对这种科层制的纵向结构的"保护"设计，是市教育局最为头疼的问题。

一　校长任命权的坚守

原本出于"父爱主义"对"薄弱区"的照顾，市政府倾向于以维护下级利益为目的对其自主办学事宜进行干预，即采取"优质区"帮扶"薄弱区"的办学改革。即使 C 区获得了一定的教育财政好处，即专项的教育财政转移支付，但是"跨区域的合作办学"对 C 区而言，是一种负担，不仅有损自身尊严，还直接限制了区政府对学校校长的任命权力。

根据跨区域的"名校办分校"合作方案，战略层需要 B 区和 C 区按照指定数量自行从区内选择"分校"，也就是不言而喻的薄弱学校。其中，B 区是 2 所初中；C 区是 5 所学校，包括 3 所初中和 2 所小学。而 C 区在这 2 所小学的校长走或留的问题上与市教育局产生了异议。

C 区不愿意让渡对区内小学校长的任命权，因为放弃权力的后果是显而易见的。从学校实际运作过程来看，校长往往被视为学校的龙头和指引者。区政府失去对校长的任命权，意味着基本失去了对学校未来发展走向的控制，甚至少了一个可能被称赞的政绩点。C 区教育局 S 局长明确表示："这 2 所小学的校长很优秀，是区里多年培养起来的年轻校长，不要变动他们了。"（QXZWH0813）

对此，市教育局 J 处长和 Z 局长的回应分别是"那可以设一个学校管理委员会，双主任制"；（SXZJYS0813）"派过去的人要说了算。两帮人的话，谁说了算？"（SXZZMS0813）

从中我们可以看出两级政府之间的"共谋"过程，对集权决策过程的内容因地制宜地加以调整。① 虽然"与拍脑袋的行政方式相比，上级政府制定数量化、标准化的考核指标体系是一种进步"，② 不过"共谋"是有助于倾听基层政府的意见以及上下级意图的有效表达。对于 C 区不撤换校长的态度，J 建议通过建立基于名校和分校的管理委员会，以双主任的设立来回避这一矛盾。Z 对此表示了疑问，如果是两位校长的话，谁拥有"拍板"的权力呢？最终，市教育局的态度仍是尊重名校的意愿，将名校的"副校长"派过去担任 C 区"分校"的校长。然而，对于市教育局的决定，S 却十分清楚地表示"关于校长的任命权要再与区政府领导商议"。

　　S 的这一表态，使得 Z 与 J 哑口无言。区政府与区教育局这一等级组织架构，犹如给后者设立的"挡箭牌"一样。面对市教育局的换校长的要求，区教育局不是不同意，而是要与上级领导商议的行为是完全符合科层制的等级结构要求的。因为跨区域合作办学协议内容的审核最终是由各区政府完成的。接下来，暂且先呈现办学协议在两区间颇费周折的运动路径，再继续讨论市教育局与区教育局之间的协商。

二　办学协议的审核：六步走

　　在图 4.1 中，A 校、X 校分别归属 A 区政府、X 区政府，X 区是对 B、C、D 三区的统称。在现有科层制的等级结构下，A 校与 X 校的合作办学协议要至少经历图中的 6 个审批步骤。第一，A 校向 A 区教育局上交协议书，区教育局上报区政府；第二，经过审核同意的协议书再由区教育局反馈给 A 校；第三，A 校交给其对应的分校——X 校；第四，X 校上交给区教育局，区教育局上报给区政府审阅；第五，没有异议的协议书返还给学校；第六，X 校将协议书交给 A 校，并同意与其签约。

---

　　① 周雪光：《基层政府间的"共谋现象"：一个政府行为的制度逻辑》，《开放时代》2009年第 12 期。
　　② 艾云：《上下级政府间"考核检查"与"应对"过程的组织学分析》，《社会》2011 年第 3 期。

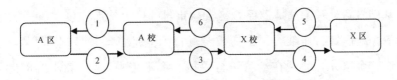

图4.1　"跨区域合作办学"协议的签署路线

也就是说，以上"六步走"的前提是四方均对协议书中权利与义务等条款细则没有异议。这在现实中几乎是不可能的。当协议书运行到第四步，X 区政府对协议书若有异议时，X 校则会向 A 校反馈修改意见，A 校不能自行修改，必须要上报 A 区教育局，局长过目后甚至得和区政府汇报，然后就新意见再向 A 校回复，至此，协议书又重新开始走第四步的程序。

根据调研发现，在 L 市以上跨区域办学协议的往复过程中，"薄弱区"教育局占据了主导地位，这完全超出了研究者的预料。在战略层"上下级动员"的情境下，科层制的纵向结构——区政府对区教育局的支持力量仍然是强大的。

三　"法约尔桥"（M）的失效

对于 C 区的拖沓，A 区教育局局长也是一肚子委屈，他觉得自己完全陷入一种尴尬的境地："非得'上杆子'① 去帮助 C 区办学，可是 C 区政府认为自己办得了学啊。"（QXZWH0813）的确，在市教育局对"薄弱区"办学行为的指导和"纠偏"的过程中，区政府这一层级的设置对区教育局提供了一种保护作用，同时也削弱了市教育局的政治动员力量。既然常规的"上下级动员"方式没有成效，而市教育局基础教育处又与区教育局在行政级别上属于同级，因此，前者决定采取"法约尔桥"（M）进行横向协调，期望达到之前"法约尔桥"（N）应用的效果。事实并非如此。

---

① 东北方言，指的是主动接近或讨好对方，或称"主动找上门"。

  基础教育处一遍遍地催促 C 区加快审批速度。然而，事实上，"C 区没定稿。跨区域合作难啊，正局长要过目。但是正局长日理万机，不只关注这一个事儿。我现在给科长打手机，都不接啦"。（SXZCT0815）C 区迟迟未能确定终稿的原因，还是因为上文所提到的校长任命权的问题。在 8 月 19 日会议上，S 局长再一次坚决地表示："两所小学的校长，我们不想动了。"（QXZSLH0819）以上表明，"法约尔桥"（M）没能奏效。从根本上讲，这说明市教育局对自身"权威监管失效"局限性的纠偏难度很大。

  一方面，由于小学校长的任命权集中由各区政府负责，市教育局确实缺乏相应的行政权力。虽然 L 市教育局被赋予了进行市域均衡的行政权威，但并没有打破"以县为主"的义务教育管理体制。在现行的科层制下，不同的政府部门掌握着不同的管理权力。[①] 各级政府分别有自己的立场和利益，它们之间的权限差异与市教育局的"纠偏"产生了摩擦。因此，区政府是不可能轻易让渡校长任命权的。随着财权和事权的下放，地方政府与当地利益的融合形成一个相互依赖的"共生体"，逐渐脱离了对上级政府的依赖。[②] 事实证明，C 区在 L 市教育局面前并不是充当被动接受的角色，它是有一定话语权的，并且 C 区的教育局官员不认为区内学校很薄弱，他们更多地谈到自身能够管理好学校。

  另一方面，办学协议达成共识有难度。跨区域合作办学的困难不仅是两个区之间协调的问题，也涉及两所学校之间所固有的行政等级差异。"以 A 区为例，24 中和 48 中是正处级单位，他们的校长可能都比 A 区教育局副局长的级别高。而 5 中是正科级单位，还有的学校是副处级单位。这就存在着校级领导之间的流动不便情况了。"（SXZCT0815）同一个区内的学校间的级别差异这么明显，可以想象区与区之间也存在如此的差

---

  ① 李小土、刘明兴、安雪慧：《西部农村教育财政改革与人事权力结构变迁》，《北京大学教育评论》2008 年第 4 期。

  ② Lin, N., "Local Market Socialism: Local Corporation in Action in Rural China", *Theory and Society*, 24（3），1995：301－354.

异。因此，协议书的审核程序是不可能简化的，各区、各个学校都要明确校长流动前后的级别变化问题，因为在我国的科层制下，行政级别的不同意味着"待遇"的不同。

四　非正式的"上下级动员"

当"法约尔桥"（M）失效后，似乎市教育局除纵向的"上下级动员"与横向的动员之外，没有其他招数了。然而，我们忽视了市委书记"一把手"批示中所提到的责任人——市教育局局长 D 在应对核心问题方面的能动性。他以一种非正式的"上下级动员"（或是劝说）方式，与 C 区教育局 S 局长进行了私下的电话沟通。① 这看上去似乎没有破坏等级制的规则。

后续发生的是，C 区果真同意了市教育局关于"名校"派副校长来"分校"担任校长的安排。但是，C 区要求撤换之前所确定的两所小学名单，即将原定的两所老校换成了两所新校。如此看来，D 与 S 的沟通达成共识的前提是"各有退让"。

D 看似是通过科层制行政级别②的非正式运作来化解矛盾，实际上更像是动用私人关系来处理问题。尤其是在区教育局并不是市教育局下级单位的情况下，市、区教育局官员之间的私人关系建立起的协商渠道才显得重要。

但是，笔者有疑问：战略层同意市教育局干预 C 区的义务教育管理事宜，在采取"上下级动员""法约尔桥"之后，难道 C 区教育局仍能不给市教育局"面子"，还是决定在区政府的保护伞之下拖延吗？

经过深入了解后发现，原来在市教育局召集各单位开会之前，C 区内所有学校校长的正常任命工作已经完成，各个学校内领导干部、教师的新学期分工分班也已经准备就绪。这种状况似乎能解释为什么 C 区教育

---

① G 处长转述了此事，具体通话内容他也并不知晓。
② D 的行政级别比 S 的行政级别高。

局一直坚守着校长任命权。若是在区正式任命工作完成之前，"上下级动员"或"法约尔桥"也许就可以促使 C 区同意市教育局的安排。而现在，市教育局是对科层制已有正常运行秩序的挑战，我们可以理解 C 区的做法是出于科层制合法性的考虑。

另外，值得一提的是，C 区改变原有的学校方案，这样就不再涉及老校长无法妥善安置的问题。相对于教育资源增量，比如新建学校，C 区更重视对区内教育资源存量的保护。这与区政府对已有教育资源的依赖性有关。为保证办学自主权的地位，它选择了放弃对自己约束较弱的新校校长的任命权。

第四节　强制性的契约：上下级目标一致性确认

如前文所述，在科层制的纠偏力度层层深入的过程中，办学协议书的区域协商已经占用了大量时间，而"一把手"批示的限定时间的强有力约束似乎不允许花时间在"仪式化的活动"上面。那么，在这种情况下，市教育局认为有必要举办"仪式化的活动"——签约仪式，这对于科层制纠偏又意味着什么呢？

一　将上级目标转化成个体目标

在签约仪式上，各单位的法人代表需要出席并依次上台签约。签订合约的个体有的是某所学校的校长，或者是一个区的教育局局长，抑或是举办民办学校的企业负责人。这些人与其被代表的单位之间是一种密切的关系，他们在许多方面被卷入了这场教育改革的洪流，同时被重新界定了新的组织权力。一方面，有的校长突然之间成为两所、3 所甚至 4 所学校的校长，获得了比过去更大的决策管理权限，也被赋予了新的使命。在本案例中，此类校长群体主要是由男性构成，他们纷纷表示，对分校的管理工作及老校在教育改革中继续成功的可能性充满信心。另一方面，对于这些优质学校，前文提到战略层认为它们已经在教育发展中成为"孤岛",而管理那些资源相对贫乏的学校可以成为校长们充分展示才能的新舞台。而且,由于承受着战略层的绩效评估和考核压力,校长们不得不全力投入新的学校管理模式中。

对于民办学校而言,签约仪式也是政府对通过向社会组织购买公共服务而进行的目标确认。基本做法是,由购买者与社会组织签订服务合同,根据合同约定购买者向社会组织支付一笔费用,由社会组织承接合同规定的特定公共服务项目。通过法规、办法、条文规范政府与社会组织之间的责任关系。[①] 因此,契约的签订明确了双方的权责范围,市政府主要责任是财政、监督和聘雇责任。民办学校负责所对应的薄弱学校的管理和教师培训,并完成其他契约书中所注明的目标。而且,签约仪式的举办,意味着企业的办学质量获得了官方和社会的认可。企业通过帮扶公立学校,将旗下的民办学校打扮成公益学校的形象,获得一种无形收益并提高了自身地位。像 L 所说,"民办教育办学很难,不能出任何差错。如果民办学校出一个小事故,媒体就会有连篇累牍的报道"。(QYLBS1011)因此,相比公办学校校长,民办学校的负责人更希望有签约这种仪式化的活动。以参与市域教育均衡改革来证明它有能力为 L 市的义务教育发展做出贡献。如此一来,良好的公众形象既能吸引才能卓越的教师前来任教,又能吸引市场上的潜在消费者。

二 签约仪式的象征意义

D 局长在签约仪式上对本次"跨区域合作办学"情况进行了总结,"今天搞名校带弱校,下一步还有学区制有进一步的改革。最近尤其新生入学,学区有很多矛盾,有很多的意见和想法。今天尽管是学校之间的行为,政府需要提供各方面保证。A 区优质教育资源多一点,是一种兄弟之间的相互帮助,一种奉献精神,一种政治任务,站在这种高度,开

---

① 王浦劬、莱斯特·M. 萨拉蒙:《政府向社会组织购买公共服务研究——中国与全球经验分析》,北京大学出版社 2010 年版,第 17—19 页。

展这样的服务"。（SXZDYF0828）的确，这份涉及各方任务与目标的协议书，实际上却好像一份市政府派发的合同形式的"政治任务书"。尽管市政府已获得教育均衡化改革的正当理由，并不意味着政府的行为就真正获得了各方认同，也不意味着协议书能够畅通无阻的施行开来。市教育局还是要尽力争取区政府、学校、企业的支持。特别的是，协议书中一些可操作性的评估目标还存在着模糊性，这会导致以后的合作摩擦越来越多，因此，举行一场具有象征意义的签约仪式是利益群体的共识。这不一定是运动推行者的初衷或有意设计，而是各种力量参与其中的政治过程演化之结果。①

　　首先，市教育局一开始确定签约仪式的地点是 2 中分校的会议厅，它距离市政府办公楼较近，而且没有任何的使用成本。G 处长和 C 主任多次看了场地，根据此场地所指定的会议流程和方案也已准备好。后来，市教育局的一些领导认为学校会议厅的设置无法满足签约仪式的人数安排及规范要求，决定把会议地点改在市级机关会议中心。会议中心的会议厅配有专门的会务人员，使用成本为每天 8000 元。在教育部门看来，这的确是一次具有象征意义的重要会议，在会议安排方面要顾及会场的宽敞度和会务人员的专业水平。另外，仪式开始前，所有的协议书已经由各方法人代表盖好公章，待到会场上只需当场签字即可。

　　其次，协议文本在呈现组织目标时具有一定的模糊性，赋予学校的自主权和激励机制都没有落到实处。"政府的激励并没有具体说，一直很笼统。"（QYLBS1011）将其仪式化使文本内容的说服力得以增强，签约各方均不得随意放弃承诺，而且市教育局对各方的监督约束力仍然存在。所有的协议书中均注明了"市教育局将组织第三方于甲乙双方合作办学初期和结束时，分别对甲方办学情况进行初期评估和合作办学绩效评估，并以以奖代补方式对乙方所属学校进行一定资金奖励"。（见附录 A）

---

　　① 周雪光：《权威体制与有效治理：当代中国国家治理的制度逻辑》，周雪光、刘世定、折晓叶编《国家建设与政府行为》，中国社会科学出版社 2012 年版，第 20—22 页。

再次，给 C 区民众一个交代。市实验中学的 M 校长认为，"教育资源不均衡问题是历史造成的。A 区一枝独秀，不是市教育局局长造成的，而是过去市区居民都是住在 A 区的"。（XZML0901）L 市原来所有的初中学校均集中在 A 区，如今的 L 市经济发展所引发的外来人口流动导致 C 区的学龄儿童急剧增多。C 区家长们对"好学校办到家门口"的呼吁声一直不绝于耳。本轮市域教育均衡改革是以 3 年为期，在未来 3 年的实际运作中，C 区会出现一系列新建、改扩建学校的现象，也涉及教师、学生的平稳过渡问题。为了使市教育局的相关安排得到 C 区居民的理解，政府召开签约仪式也是出于民众的心理承受能力与接受布局调整的考虑。

最后，对市教育局基础教育处的象征意义。2014 年夏天，L 市中考"等级制"改革背负了大多的负面新闻报道，民众对市教育局在一年内将中考成绩从"分数制"改成"等级制"，又从"等级制"改回"分数制"的改革产生了怀疑和不满。市教育局基础教育处工作人员面临了前所未有的工作压力，急需在科层制的体制下有所表现，这是科层制固有特征的要求，正如前文提到的周雪光所说的"科层制组织内的官员，其毕生职业生涯追求的就是在组织制度里不断获得晋升"。因此，可以想象，市教育局基础教育处在扭转区域间失衡教育局面时的竭尽全力，和它在中考等级制改革中的失败有一定程度的关系。

相比中考改革，市域教育均衡问题更是一个悬而未决的教育大事。而且，民众难以在对教育部门的负面报道和正面报道间划出一条清晰的界线。因此，L 市教育局希望借助媒体对签约仪式的报道重新树立自身的权威形象。

Z 局长曾明确表示："一定要有签约仪式。最近教育的负面新闻太多，正面的东西很多的，都不注意宣传。实际上，我们会有强大的宣传队伍进行宣传。各大媒体也参与进来，包括非教育专业的新闻媒体，把双方合作的亮点提炼出来形成新闻稿。"（SXZZMS0819）这样的签约仪式成为一次难得的教育改革成果的展示会，即便是这些协议书还停留在纸面上。

第五节　本章小结

本章主要围绕的是"跨区域合作办学"组织形式的发展时期，市教育局以政治动员的方式与利益群体互动，在动员方式多元、动员力量增强的情况下促使"纠偏效果"层层递进，呈现出从低度纠偏到中度纠偏，再到高度纠偏的效果变化。

首先，通过上下级的政治动员，L市进行了密集式会议，为实现利益群体的共同决策搭建了沟通平台。市教育局向利益群体提供多种合作方案，办学协议的初稿也在此平台中得以拟定。市教育局广泛征求意见，对合作方案进行了反复研讨和论证，这有效地弥补了政府组织在决策方面的有限理性。而上级对市教育局在办学协议中监督作用的认同，也增强了其进行市域教育均衡化改革的行政权威性。而且，市级财政以资金补助的方式奖励合作办学绩效好学校的条款也会在办学协议中有所体现，这增强了利益群体之间的合作办学动力。

不过，在合作方案进一步分解到校时，公办名校承担了办多所分校的政治任务，但是困扰它们的干部指数、教师编制、教师支教经历等问题无法得到国家政策的支持，因此"上下级动员"不能很好地解决流动教师的切身问题。在这种情况下，市教育局基础教育处采取了"法约尔桥"（N）的方式，这超越了科层制的上级领导的层级设置。它直接与组织处、人事处、财务处等部门横向沟通，高效地协调了上述事宜，扩大了科层制的纠偏效果。

然而，接下来在合作办学协议的分步骤审核过程中，市教育局基础教育处虽然投入其中的精力更多——以"法约尔桥"的方式与区教育局协商，但是因为区政府对区教育局的科层制纵向上的保护作用，从而削弱了横向沟通的应有效果，使得"法约尔桥"（M）失效。在这种情况下，组织精英不得不采取非正式的"上下级动员"方式，以私人关系进行劝说，最终市教育局与区教育局各退让了一步，这才促使签约仪式得以举办。利益群体签署契约的意义在于：明确各方的权利和义务，推动各方积极参与改革进程。最为重要的是：使上级目标与下级目标确认一致，实现了科层制纠偏过程中的高度纠偏效果。

从政治动员的过程中可以看到：政治动员形式与纠偏效果密切相关，"上下级动员"形式为科层制纠偏提供了肥沃的土壤。"法约尔桥"与非正式的"上下级动员"似与正式动员互不干扰，实际上却深深地受到正式动员的制约。三种动员形式的相互作用充分调动了组织内部正式与非正式的资源，尤其是调动了组织精英的权威，从而扩大了纠偏效果。

第五章　科层制的外部合作

如图 2.3 所展示的，科层制在纠偏过程中，将吸纳进来的企业视为职能层中的一员，将其举办的民办学校视为作业层的一员，搭建了一个与外部合作的桥梁。如此一来，它们也成为科层制纠偏机制运行中的成员。然而，企业及民办学校又无法摆脱市场体制的束缚，因此，本书特意将"科层制的外部合作"单独作为一章予以讨论。通过介绍政府与企业、民办学校的相互作用，我们可以在比较政府与市场作用的组织分析中加深对科层制纠偏机制的理解。

如果说上一章介绍的是科层制以政治动员的方式进行纠偏，政府已经将企业与民办学校视为科层制的一员，那么本章是将其视为市场机制下的"外人"，着重分析科层制以外部合作的手段增强政府对"外人"的权威监管，从而使其在纠偏过程中采取相应行动。这里的政企关系一旦以合作办学契约形式达成一致，企业下属民办学校所帮扶的公办学校就不会以市场机制加以治理，而是表现出对政府组织的依赖。因此，在科层制与市场机制双重体制作用下，民办学校在新的制度安排中表现出对"纠偏效果"出现反复的"敏感"。

第一节　政府与企业

一　过去的外部合作

在中国的基层社会中，教育行政部门的组织环境具有复杂性和不确定性，其领导层可能会提出各种要求，对义务教育的发展与改革有许多想法，包括对公办学校与民办学校之间合作途径的探索。这与政府对社会的主导作用很大关系。越是强调政府合法性和政府的权威，政府越会比较随意地使用各种方式汲取民间资源。① 我们可以从这一角度认识政府与企业之间的教育合作，即使是同一个企业，在不同时期的合作中，其扮演的角色和发挥的作用也是不一样的。

过去，政府是借助公办名校建设民办学校。在公办名校的基础上，办"国有民办"的学校，利用民间资源来扩大办学规模，补充政府在公共教育办学力量上的不足，从而提高民众对基础教育服务的满意度。这在20世纪90年代是国家教育部允许和鼓励的办学模式，也是一次促进民办教育发展的大浪潮。然而，这种引人注目的发展势头维持了不到10年的光景。从2003年起，国家开始全面禁止"国有民办"的办学模式，导致一部分民办学校回归公立教育，一部分民办学校完全转变为私立教育。D校就是在这个时期的夹缝中生长起来的一所民办中学。在它刚刚成立起来的时候，L市政府委托市实验中学派去学校管理团队，以3年为一届，共计3届（9年）。这些教师成为D校的教学骨干和学科带头人，为D校的发展壮大做出了努力与贡献。

打开D校的官网，校史简介这样写道：这是一所经L市教育局批准，由L市城投集团（现华青公司）、E大学、市实验中学联合创办的全日制民办中学。经调查发现，E大学占D校5%的股份，以高校附属中学冠名，提供的是品牌资源；市实验中学占D校25%的股份，提供的是校长和骨干教师资源；其余的70%股份由企业出资所得。但是，由于国家不再允许公办学校以股份形式参与民办学校办学，2013年年底，D校与市实验中学的合作结束。自2003年5月17日建校至今，D校从最初的4个初中班，103名学生，16名教职员工起步，已经发展成现在拥有49个教

---

① 郭建如：《中国农村义务教育财政体制变革与义务教育发展：社会学透视》，民族出版社2010年版，第37页。

学班（初中40个教学班、高中9个教学班），共2485名学生、187名教职工的名副其实的大校。仅十余年的发展，这所民办中学已经成为全市中考成绩最好的两所学校之一。可以想象，一所民办中学成长为优质学校，这一过程中不仅倾注了企业及学校领导层的汗水，也离不开L市政府的紧密关注。

11年前，市教育局委托市实验中学将D校"扶上马"，从而开启了L市公办学校帮扶民办学校的合作伙伴关系。在9年的合作办学过程中，市实验中学不仅占据了25%股份，获得不少的收益，而且派过来的校长掌控着D校的日常管理运作。而市实验中学又是一所由市教育局直接管控的中学，因此，可以感觉到这所民办学校的形成与发展过程中，一直弥漫着市教育主管部门的行政权威性。"我们很少去学校，我们的校长是独立办学，专业的人干专业的事儿嘛。不过市、区教育局都对我们有监管。"（QYLBS1011）

二　如今的外部合作

如今，政府必须承认的是，主要由市场机制孕育的D校的办学质量，引发了全市的民众对公办教育不如民办教育的质疑。就像企业负责人L所说的"家长买不买单、来不来我们学校，是要看是否提供了让消费者满意的服务。我们的学费靠市场在调节，收高了的话也没有人来"，民众逐渐意识到市场化运作的民办学校可以满足他们对优质教育的需求，而这种民办学校给予的"自下而上"的压力却将市教育主管部门团团包裹。

的确，随着经济社会的飞速发展，社会大众对公共服务的需求呈现出多样化、层次化，政府有限的财政资源和服务能力已经无法满足无限增长的教育服务要求。过去，一直由公共事业单位涉足的义务教育服务领域，也随着民办学校的蓬勃发展而呈现出一定的竞争局面。民办学校在提供教育服务方面有着自身独特的优势，但政府如何与企业进行合作、能否将公立学校委托其进行管理，主要取决于政府对民办学校所提供的教育服务能力的认可。也就是说，政府吸纳民办学校并不是随心所欲的行为，它的主要依据是：虽然民办学校与公办学校在办学模式上存在差异，但是在办学理念、培养目标等诸多方面都是相通的。无论是民办还是公办学校，都是以学校发展、教师发展、学生发展为本。相比而言，民办学校更是以办学特色求生存。

尽管优质的民办学校可以成为提供公共服务的有效载体，但政府仍然让自身处于资源互动中的强势位置，导致民办学校需要从它那里索求政策资源才能生存。汪锦军从七个方面构建了民间组织对政府的依赖，分别是资金、组织体系、官方媒体、登记注册、活动许可、政府领导人资源、组织决策的机会与权利。① 例如，税收政策在某种程度上反映着民办学校的举办企业在财政资源上对政府的依赖现状。L市政府在企业办学方面制定的一系列税收优惠政策，表面上体现的是政府对它的间接资助与办学支持，实质上是政府对其采取的一种控制手段。随着民办学校表现得日益出色，政府也希望它在教育改革方面有所参与。因此，企业及其民办学校在资源互动中的弱势地位以及学校本身扩大声誉等意图，导致它同意帮扶公立学校存在着可能性。

三　政企结盟

当两个组织之间的依赖程度不相等时，会产生不对称的依赖关系，Pfeffer将这种不对称的依赖关系分为竞争性互依和共生性互依。② "跨区域合作办学"组织形式里的两个区如同竞争性互依关系，各自从对方那里获得所需的人力资源或者是财政资源，而且两者又是相互竞争的关系。不过，共生性互依是指两个组织之间不存在直接的竞争关系，"政企关系"则属于此类。换言之，竞争并非存在于政企之间，而是更多地存在于企业与企业之间。虽然政府是重要的资源支配者，但政府并不是万能的，其拥有的资源也是有限的。因此，理想的政府—企业关系是互相依

---

① 汪锦军：《浙江政府与民间组织的互动机制：资源依赖理论的分析》，《浙江社会科学》2008年第9期。

② Pfeffer, Jeffrey, *Power in Organizations*, Marshfield, MA: Pitman, 1981.

赖对方资源，更好地满足民众的需求。

华青公司的负责人 L 曾提到："今年市政府制定了《关于进一步深化办学体制改革加快民办教育发展的实施意见》，落实鼓励扶持民办教育发展政策的同时，探索通过政府购买服务等方式，支持社会力量以多种形式兴办教育。市教育局选择民办学校参与公办学校建设，一方面说明民办教育已经发展成为新兴的教育发展力量，另一方面证明市政府是采用多种方式合作来扩大优质教育资源。"（QYLBS1011）政府确实需要用政企结盟的方式，将优质的民办教育资源辐射到公办学校。在这个意义上，D 校是与政府有过合作经历的民办学校，相对于其他学校来讲，更具有竞争优势。原因可能是，民办学校在发展过程中其创办人与当地政府官员形成了某种结盟，这种结盟类似于政治学中所讲的"法团主义"。① 这表现在以下几方面。

第一，在教育领域，华青公司是拥有 D 校的非公有制企业，它的前身 L 市城市建设集团也是由市政府国有资产监督委员会履行出资人的职责。因此，将 D 校吸纳进政府的教育决策中来，是出于对其提供的优质教育服务能力的认可和办学资质的信任。

第二，2012 年 L 市财政首次设立民办教育专项资金 300 万元，该年年底已经拨付到位，主要用于民办教育改革试点效果突出的民办学校和办学成果突出、社会贡献较大的民办教育单位的奖励和表彰。企业不仅获得资金上的奖励，更获得了社会认同。企业及其举办学校的办学宗旨、组织章程、开展的活动与国家推崇的主流价值观、政府目标以及政策保持了高度一致。

第三，民办学校在公共服务提供上的优势虽然可以弥补政府提供优质公共教育方面的不足，但由于政府管理理念、公共服务购买制度以及民办学校自身治理方面的问题，致使政府还无法对企业及其民办学校的

---

① 郭建如：《国家—社会视角下的农村基础教育发展：教育政治学分析》，《北京大学教育评论》2005 年第 3 期。

公共服务能力具备高度信赖和完全放手，只能依据具体情况选择性地将部分公共服务委托给特定的民办学校。而且，为减少抵制政策的情况发生，政府还关注 D 校教师群体的意愿，让他们清楚本次改革的内容和意义。毕竟，民办学校的教师身份仍为特殊，与公办学校教师相比，他们不需要政府所提供的"支教经历与职称挂靠"等激励手段。当这些教师被带进公办教育管理体制中开展管理、教学等工作时，他们会感到明显地变化，毕竟民办学校在教学、人事、财务等方面拥有较大的管理自主权。市教育局曾专门通知 L，让两所民办学校各来 20 位老师参加签约仪式。政府安排民办学校的教师参会，是从政企结盟关系出发，促使民办教师对政府进行的教育改革认可与融合。

第二节 政府与民办学校

一 无奈的民办学校校长

当获悉帮扶公办学校的事情，作为 D 校学校管理的直接负责人，Z 校长就对是否答应与这项"政治任务"有所顾虑。Z 校长在 2014 年年初（55 岁）刚刚从公办名校校级领导职位上退下来。大约在 3 年前，华青公司的高层已经向他抛出了"橄榄枝"，商议他退休后到 D 校出任校长的事宜。在此期间，其他的学校也找过他，最终他还是被华青的诚意所打动，选择了到 D 校就任校长。然而，就在暑假这突如其来的"政治任务"面前，Z 不得不产生一系列的顾虑。

民办学校的校长被要求是校长负责制，在校长聘用合同中，企业明确规定了他是年薪制，他的薪酬是与学校的办学成绩挂钩的。与公办学校相比，Z 深刻地感到民办学校的教师资源对学校办学成绩的重要性。因此，不管是出于个人经济利益的考虑，还是对学校长远发展的保护，他对学校派出优秀教师资源的事情非常紧张。

他面对市教育局的官员从容地说道："学校这 10 年以来成长得比较快，但也存在教师的不稳定性和流动性问题。目前，我们有 3 位副校长，

其中 2 位是局属学校退休下来的老校长。因此，派出一位副校长是有困难的。"（XZZFY0813）

在这样的师资办学条件下，追求自身教师资源的提升成为民办学校更加迫切的需求。而且从 Z 校长的工作经验来看，虽然政府的"政治任务"具有强制的意味，但是民办学校的发展才是他真正要维护的利益。在现有的制度环境下，公办学校是由市教育局或区教育局管理的，依靠的是政府权力；公办学校的组织结构、目标以及领导层的管理方式和工作模式等都在政府的控制之下，郭建如将以上内容归纳为"教育体系科层化"，指出不管是在中华人民共和国成立前的传统社会，还是在中华人民共和国成立后，现代教育的推行都是自上而下的过程。① 然而，民办学校的组织管理方式有别于公办学校，拥有一定的自主权推动学校发展，表现在：教师人才招聘的自主性，Z 校长对研究者说起过"有信心把适合学校发展的最优秀的教师招聘进来"；培养特定人才的自主性，D 校的学生科技专利在全市属于拔尖水平，学校以科技见长，"小院士"的评比活动也已经开展多年。

可以看出，出于学校及自身利益而抵制改革的 Z 校长的根本顾虑在于：民办学校的首要目标是要满足它的顾客需求。他比任何人都紧张学生和家长是否满意民办学校所提供的教育服务。他所能想到的工作任务就是采取措施改进学校的服务，提高学校的办学特色。如果民办学校不积极满足学生和家长的需求，这些消费者即使不会立即离开，也会向社会传播有损学校声誉的声音，这将会威胁到民办教育组织的生存和发展。

二　积极推动合作的政府

市教育局 Z 局长对于 Z 校长无法派出 1 名副校长的上述说法感到意外，不过他寄希望于 D 校可以派出优秀中层干部这一项任务。可惜的是，

---

① 郭建如：《中国农村义务教育财政体制变革与义务教育发展：社会学透视》，民族出版社 2010 年版，第 384 页。

Z校长的答复依旧坚决："这一项也派不出去。学校200名教师的水平也
参差不齐呢，我们是民办学校，要以办学质量取胜的。"（XZZFY0813）

这些答复在政府官员看来，是政府对民办学校缺乏影响力。于是，Z
局长对此的回应是"你们前期准备工作不够。我们可以考虑换别的学校。
看来你们不具备条件，60多岁的老校长是不行的。你派过去的校长选不
好，其他不用谈了。"（SXZZMS0813）言下之意，民办学校对于本次改革
并没有被充分调动起积极性，不能很好地为政策服务。

一般情况下，政府"为了达到目的，保证治理过程的顺利执行，治理
主体就必须运用党纪国法、行政命令、执法的强制手段来对干扰治理的
各种行为实施强力打击"。[1] 而在面对民办学校的情况下，政府仍然习惯
以话语威慑的方式进行硬性调整，其对民办学校的态度也反映出中国科
层制的行政文化特点，"不行就将D校换掉"的说法给民办学校施加了一
种政治压力。

值得注意的是，在场的华青公司负责人L一直处于隐匿的状态，对
于政府的强硬说辞没有任何表态。这在一定意义上促使政府继续以一种
"权威姿态"指向华青公司旗下的另一所学校的校长，问"你那儿有没有
困难？"（SXZZMS0813）这位校长虽然也谈到了一些困难，但相比Z校
长，话语间却留有一些转圜的余地。因此，市教育局的矛头再次指向D
校，无奈的Z校长只能作答："有困难，但我们可以接。"（XZZFY0813）

可以看出，即使具备一定的行政权威性，政府要借助优质民办教育
的力量还是颇费功夫。因为民办学校没有对公办学校帮扶的义务，而且
关于建立政府与非营利组织之间合作伙伴关系，隆伯格、伯斯泰恩、斯
密、利泼斯凯等认为非营利组织与政府之间的伙伴关系会在一定程度上
限制非营利组织的自主性。[2] 实际上，中国的市一级教育主管部门均设有

---

[1]　冯志峰：《中国运动式治理的定义及其特征》，《中共银川市委党校学报》2007年第
2期。

[2]　阎凤桥：《从非营利组织特性分析我国民办学校的产权和治理结构》，《教育经济》2006
年第1期。

民办管理办公室。政府会采取一些正式化的手段，如设立民办教育专项基金，完善民办学校教师社会保险政策，探索公办、民办学校合作办学的有效途径。其中的一些政策保障了民办教师的利益以及使民办学校的人才不外流等，也可以说是没有完全脱离政府控制的好处。而当民办学校表现不力时，政府也倾向于收回赋予其的某些自主权。因此，民办学校虽然在输出优质教师资源等方面心存芥蒂，但还是走向了政府既定的教育改革轨道。这也由于政府抓住了企业参与教育改革的意图，企业所办的学校就必须学会接受政府给予它的任务。学校虽然处于当地教育质量顶端位置，却必须为企业参与本项改革而不得不有所付出。

三　利益驱动下的企业

2002 年《中华人民共和国民办教育促进法》和 2004 年国务院颁布的《中华人民共和国民办教育促进法实施条例》对民办学校的组织结构有了明确规定，即"应当设立学校理事会、董事会或者其他形式的决策机构"。D 校根据政策法规的要求设立了董事会，制定了相应的董事会章程。"董事会担负着双重责任，一方面，它代表社会对学校履行管理责任，保证学校履行自己的使命，从事对社会有益的事业；另一方面，它对学校起到一种保护作用，保证学校是一个独立机构，免受任何利益集团的控制，同时它还代表学校对外宣传自己的使命，争取获得社会的援助和支持。"① 这表明理事会或董事会是民办学校与环境之间的桥梁，具有外部联系的职能。

在"跨区域合作办学"组织形式的产生时期，Z 局长和 J 处长去过华青公司调研，与企业高层就合作办学的事宜进行交谈，就华青旗下的两所学校的参与问题达成了初步意向。随后，华青召开董事会会议，对此次合作办学的事宜进行一系列的商讨，并随即进行了风险评估。从董事

---

① 阎凤桥：《从非营利组织特性分析我国民办学校的产权和治理结构》，《教育经济》2006年第 1 期。

会的治理角度看，一是避免垄断权力对学校教育构成威胁，二是由于教育活动的重要性使得不能将决策权完全交给学校内部人员掌握，从而加强民主管理，提高内部人员对组织的信任度。① 负责人 L 表示，"公司董事会是决定一些大方向的，如为学校提供物资和资金保障、校长的选聘、重大事项的决定。"（QYLBS1011）因此，对于此次合作办学，L 出席了市教育局组织的多次会议，虽然在会议中不曾有过发言，却对学校的决策和发展起着至关重要的作用。笔者了解到，L 是工科出身，之前一直在本市一家大型国企工作，后来在职读了工商管理专业，继而又来到了华青公司。如今的他"自诩"有一种"立志要做百年名校"的办学情怀，看重来自政府对民办教育的支持与信任，并在政府与企业的协商过程中发挥了推动作用，但是企业毕竟是以追求经济利益为目的的，"我们的董事会经过了认真讨论，也经过了对人员、组织保障等的层层论证才决定的。你也是学习经济学的，这种合作并不符合企业的投入—产出比"。（QYLBS1011）如此看来，企业是处于全盘考虑，除了经济利益，还存在其他利益的驱使，如社会效益、政策资源等。

在经济领域，由于政府与企业组织各自掌握着对方生存与发展至关重要的资源，因此，两者之间的关系并不完全是科层制下的上级与下级的关系，而是相互依赖的关系。由于企业扎根于基层社会，它们往往又成为政府在处理社会领域问题中的有利资源。但是，不同类型的企业的利益存在着差异。对公有制企业而言，除了追求最大化的企业利润以外，还承担着一部分社会职能，如解决社会就业、维护社会稳定等，相应地，地方政府也会给公有制企业的生产经营提供优惠、便利。对于非公有制企业，追求最大化利润成为其利益所在，而且在与公有制企业的市场竞争中，它们从政府那里获得政策支持则面临诸多约束条件。以 L 市教育改革中曾经出现过的非公有制企业情况为例，其参与教育改革一般分为

---

① 阎凤桥：《从非营利组织特性分析我国民办学校的产权和治理结构》，《教育经济》2006年第 1 期。

两种形式。

一是具有营利性的非公有制企业。2013 年年底，W 企业做出在 J 区出资兴建两所学校的决定。市政府得知后，积极调动两所优质学校（即 A 区的市实验中学、市实验小学）分别扶持上述两所新校（1 所小学、1 所初中），联合办学的时间为 3 年。各方在合作办学协议中达成了以下共识：一是优质校选派 1 名副校长和 3—5 名优秀教师，流动到 J 区新校担任校长和教学骨干教师；二是 W 企业承担 3 年的合作办学经费共计 620 万元。其中，500 万元作为新建学校的教育培训费用；100 万元作为派出干部和教师的生活补贴费用；20 万元为派出校长职级制补贴的费用。① 这不仅在教师资源配置上采取了"以优带新"的理性选择，而且从契约制度上规定了企业资源是如何进行分配的。从 W 企业的角度来看，有两个原因促使其参与教育改革。第一个原因是企业在 J 区内的房地产项目以及未来的国际电影城筹建项目，其可以借助新建学校获得有形与无形利益。它在与 J 区签署的《联合办学协议》中明确提出，要求 J 区保证购房者子女入读该小学和中学。第二个原因是为人才引进提供了便利。当青年劳动力在区域之间进行就业选择时，往往要考虑子女将来的就学问题，因此 J 区的教育资源是否充足成为考虑。而且，W 企业支持教育事业发展的举措对优秀人才在 J 区的安家落户提供了吸引力。另外，W 企业为 A 区派出干部和教师提供购房优惠，具体参照本企业的职工待遇。

二是举办民办学校的私有制企业，如华青公司。在美国的私立教育领域，学校经营者在考虑学校的组织方式时，根本不用服从某种中央集权化的权力。② 但是在中国，事实并非如此。

从中央到地方"一统而下"的科层制保证了市政府在企业办学方面的中心地位和影响力。在这一点上，政府的政策法规对民办学校的生存

---

① 于洁、丁延庆：《义务教育"区域一体化"制度的探析——基于华东地区某市的调研》，《中国教育学刊》2015 年第 4 期。

② 约翰·E. 丘伯、泰力·M. 默：《政治、市场和学校》，蒋衡等译，教育科学出版社 2003 年版，第 43 页。

有决定性意义。L 市在《市实施〈中华人民共和国民办教育促进法〉办法》中严格规定了全市民办学校的年检制度。在 2009 年市政府对民办学校的年检中，有 14 所学校被停止招生，1 所学校被限期整改，34 所学校被停止办学；在 2011 年市政府对民办学校的年检中，747 所学校办学合格，6 所学校停止招生，34 所学校停止办学，19 所学校限期进一步整改。① 同时，政府的触角也已经伸向民办学校日常运行的方方面面。

首先，市教育局要规范民办学校广告备案、教学场地报批、校舍安全措施的落实等办学行为。其次，要组织民办学校财务人员业务培训班，对民办学校注册资金的使用、财务处理、重大财务支出的管理等进行专项培训，并将该培训纳入财务人员继续教育学时。2011 年组织民办学校新任会计的培训班 6 期，培训 140 人次。最后，由于不存在可转让的利润要求权，非营利组织的理事会不存在外部接管的市场压力，因此很难保证理事会不发生串谋或侵吞公款的情况。② 因此，市政府还积极与参与民办学校年度财务审计的单位沟通，理清民办学校财务审计的重点内容；对财务审计处的重大问题坚决进行监督整改，整改不合格的学校在年检时予以一票否决。2011 年，累计账目指导或抽查 230 校（次），收回抽逃注册资金 1700 万元，对 6 所停办学校进行财产清算。③

虽然 L 多次表示"我们的学校是校长负责制，公司是不干预具体事宜的"，但是，他也对"给予股东投资教育的基本面回报"是认同的。因此，不能说是完全出于学校利益考虑做出取悦政府的决定，企业确实是有很强的市场驱动力对政府的改革做出积极回应的。不过从研究者看来，L 对政府权威的支持和信任是非常看重的。

---

① 《2010 年 L 市教育年鉴》。
② 马迎贤：《组织间关系：资源依赖理论的历史演进》，《社会》2004 年第 7 期。
③ 《2012 年 L 市教育年鉴》。

第三节　民办学校与科层制组织的碰撞

一　公办学校校长的疑虑

在市实验中学 M 校长的眼里，民办教育参与到公共教育改革中来是有利可图的，他毫不避讳地说，"D 校每年大约招收 800 个学生，每人学费 2 万元，被政府认定为优质学校后，总校的生源会越来越好"。（XZML0901）[1]虽然民办教育办学者以面向公众的社会责任来解释其行为的合理性，但是市场利益对其的支配地位仍是其参与改革的本质原因，经济因素是无论如何也摆脱不掉的。

如果一所民办学校的市场地位很脆弱，企业除了迎合政府决策层的摆弄外别无选择。而 D 校的市场地位较高，它为何愿意参与到政府的教育改革之中呢？调研发现，这种做法符合经济利益对企业的驱使。

尽管"看重社会效益""承担社会责任"的说法在研究者对 L 的访谈过程中频频出现，但商业价值观仍明显地渗透在他的字里行间。"教育不像房地产那种暴利行业，但也要给予对股东投资教育的基本面的回报。我考察过山东省其他市的民办教育，人家更为超前，政府对于民办教育投资率已经有明确的提法。"（QYLBS1011）

通常，私营企业对政府有某种程度的依赖关系，比如，企业未来可能有举办 D 校分校的规划，这就可能涉及从政府手中拿地皮、缴税等利益问题，这意味着企业更愿意与政府结盟。不仅如此，在政府对公立学校"取消择校"的问题上，L 更是毫不避讳地表达了喜闻乐见的立场，"民办教育是公办教育有意义的补充，可以更好地解决择校问题，它面向的是高端教育以及特定人群。实际上，公办教育就不应该出现'名校'"。（QYLBS1011）政府出台"取消择校"的政策，虽不是从民办学校的经济

---

[1]　据调查，华青旗下的新世纪小学和 D 校 2014 年的学费情况是小学生每人每年 1.8 万元，中学生每人每年 1.9 万元。

利益作为出发点，但却无形中增加了它们的市场份额，特别是优质的民办学校。然而，如何被界定为优质的民办学校，这又是企业需要政府认可的原因，也是它参与公立教育改革的驱动力。

由此我们可以看出，如果一所民办学校特别具有市场"活力"，就越受到政府的关注。而在与公办教育合作的过程中，民办学校在巩固自身社会地位的同时，有可能获得更多的经济利益。

二　区政府官员的担心

我们知晓，一所公办名校的确立是受到历史因素、政策扶持、财政补贴等外部诸多因素所影响的，而一所民办名校的繁荣发展也离不开中央和地方政策、经济发展水平，以及社会对差异性教育的渴求等多方面的外部互动。也许在外部环境因素影响上有共通之处，但是在学校组织内部运作方面，科层制和市场控制下学校组织的差异性是明显的。两者在教育领域的学校管理、人事招聘、应对家长和学生需求等方面的处理方式截然不同，因此，两种控制体系下的学校必然有格格不入之处。通过两种运作体系的合作也许并不能够达到提高学校教育质量的目的。

相对处于科层制教育体系中的公办学校，民办学校具有办学自主、管理灵活的特点。特别的是，民办学校的教师没有公办教师的"编制"身份，因此，出于对自身待遇问题的考量，他们会对工作绩效考核、激励指标设计、上下班制度更为服从。例如，从 D 校了解到的现状是，新进的教师（包括硕士毕业研究生、本科毕业生）前半年均是没有工资的，也没有机会走上讲台，学校需要他们做的是去看、去听课；后半年他们开始获得基本工资，并有了讲课机会，但是需要其余所有教师来评课。评课合格后才能真正开始授课。这种为期一年的新教师培养模式在 L 市的公办学校是看不到的。可以看出，民办学校教师质量的提升离不开灵活的考核与激励制度，而师资水平正是民办学校的"生命线"。因此，A区教育局的一位官员根据以往的工作经验，做出"家长和学生会对顶岗到民办名校的'薄弱校'教师并不买账"的预测。

的确，基层官员和校长们可能更了解家长和学生的偏好，由于职业观念及对教育现实更高的敏锐度，形成了对家长、学生的反应敏感的思维方式。而在高度政治动员的情况下，战略层的决策者们可能来不及考虑市场调控下的民办学校情况。政府需要承认，D 校学生们是通过负担高昂学费和筛选竞争才能享受到这些教育资源的。而现在，通过合作办学的形式，一些公立学校的学生也沾有了民办学校的好处。当然，这正是市政府从民办学校那里购买服务的初衷。前提条件是，公办学校学生从民办学校获得的服务比不上或者无法达到民办学校提供给本校学生的完整服务，否则，民办学校的生存将受到挑战，因为，民办教育消费者已无法从其身上"有利可图"。

三　民办学校派不出去的团队

作为一名有着 36 年教龄的公办学校退休教师，Z 校长在退休之际做出了自己教师生涯的又一个极其重要的决定：推掉两所民办学校的邀请，接受了华青公司的邀请，来到 D 校担任校长。或许是由于公办学校的任教经历，Z 对于民办学校帮扶公办学校的说法不是很认同。他多次强调："我们不敢说它是薄弱学校，31 中是还算可以的学校，历史比我们学校悠久得多呢。"（XZZFY0901）

然而，公立、私立教育的结合并不像在签约仪式上签字、盖章一般的顺利，企业及其民办学校面临着准备好了的管理团队却又派不出去的困境。按照 Z 的说法："我们最早、最快地准备好了人员，在等它们的外部条件成熟。应该是以区政府文件的形式将校长任命定下来，包括 31 中的一把手不再担任了，对他的新安排，是对新校长的任命。这确实是政府的大作为。"（XZZFY0901）

（一）企业层面的准备

对于民办学校，其所在区的教育主管部门处于间接管理状态，这表现在：一是在民办学校人事管理上，区教育局并不插手校长和教师的管理，企业及学校董事会负责相应的人才引进程序；二是在财政扶持方面，

L市的民办教育发展专项资金的管理使用是由市财政、教育、人力资源和社会保障等部门负责。因此，市政府直接吸纳企业及其民办学校进行跨区域的合作办学，出发点是优质的民办学校不涉及属地管理问题。政府直接与企业建立联系，促进了企业的办事效率。

2014年《L市人民政府关于加快发展民办教育的意见》的出台保障了民办教师与公办教师具有同等待遇，即"民办学校教师在资格认定、职称评审、进修培训、课题申请、评先选优、国际交流等方面与公办学校教师享有同等待遇。民办学校应按照有关规定为自聘教师办理社会保险和住房公积金，鼓励为自聘教师办理补充保险"。这表明政府对民办学校及教师的认可。对此，企业负责人L说，"与公办学校的合作办学是政府对我们的肯定。对于派到公办学校交流的老师，我们公司会在工资、补贴、车辆等方面提供教师待遇。不能光谈'高大上'，公司可以出钱，老师们才愿意去流动"。（QYLBS1011）

（二）民办学校层面的准备

签约仪式结束，民办教育的重要地位得到凸显，但政府却未对民办教育如何切入"薄弱区"学校表现出兴趣，并且也忽略了民办学校是在两级教育主管部门的权力狭缝中生存的现状。不过，民办学校自身倒是提前做好了规划，确定了联合办学的规划：先"看"，相互了解，寻找切入点；再"试"，选择具体目标项目，实施小范围整改，为确定学校中期发展规划目标做可行性尝试，为全面合作做准备；最后"定"，以精品教育为指导，以精致教学为追求，以个性化教育内涵的落实为抓手，将学校的培养目标和办学理念具体化，确定联合办学首个"三年发展规划"的具体目标和举措。① 这是华青公司旗下的一所民办小学的准备情况。

对于D校来说，输出团队的筹备更是如火如荼地展开。在企业董事会和学校领导层商议后已经做出决定：派出W副校长去31中担任校长。正如M型组织结构所推崇的，当企业总部做出重大决策后，细枝末节的

---

① 《新世纪小学联合办学三步走的规划》。

工作就留给下级部门考虑。W 就是这样一位有胆识将组织目标付诸实践的教师。他对如何开展 31 中的学校管理工作了然于心，"我过去担任校长的话，首先是第一时间下到学生、教师中去，要接地气，了解各部门工作。调查研究了才有发言权。因为我也是从普通老师做起的，所以能够和 31 中老师融合在一起的。最初我会和一个主任先过去，了解情况后再拿出一个方案，比如把哪些学科的带头人派到 31 中，当然 31 中的老师也会过来一些。但是，现在还无法既定一些方案"。（JSWJ0902）

从反应效率来看，处于市场体制调节下的民办学校确实在干部任命、教师管理和流动方面相比公办学校更迅速、更具有灵活性。这说明，不完全是传统科层制下的公立学校之间的合作办学形式，正是科层制改革思路的一次突破，引入民办学校正是有助于克服科层制的有限理性。

市政府原本是让民办学校去加速改革方案的推进，迫使区政府及其公办学校也以实际行动响应政府的办学协议内容。"我们按照办学协议内容，派一个心理老师过去抓德育。① 德育很重要，他们那里的学生家长可能对学习的要求没那么高。派一名中层过去做学生管理主任，抓社团组织和学生行为规范养成。作为教育工作者，我认为德育领先，对他的一生非常重要，比单纯提高成绩更重要。"（XZZFY0901）

（三）权威监管的失效

由此，我们可以得出一些比较贴合现状的结论。在公立、私立教育的结合过程中，尽管公办学校校长、区政府官员都有所质疑或担心，但真正对民办学校管理团队能否顺利进入公办学校产生影响的是：科层制的"纠偏效果"出现反复，并没有彻底实现上下级目标的一致性。原因在于科层制的权威监管并没有就位。

在 2014 年 8 月 28 日合作办学仪式结束之后，战略层当场接受媒体访问，还安排相关报社对职能层与作业层的代表进行访问。当天中午，这一教育大事件开始在 L 市的新闻平台向民众广播。然而，从下午开始，

---

① 隐含：派心理老师作为中层干部，去担任对方学校的德育主任。

市教育局就没有了两个月来的紧张与喧嚣，开始有条不紊地对学期初的视导工作做相关准备。9月1日是L市中小学的新学期开学日。根据往年情况，在新学期的第一周，市教育局每一位局级干部将带5名左右的工作人员到局属学校、各区属学校、民办学校等进行视导，内容包括：听取校长的工作汇报，听课、评课，与部分教师和学生分别举行座谈，并查看学校安全、卫生以及校园文化建设的情况。上述事宜的联系与确认是由基础教育处负责的。因此，签署合作办学协议，意味着上级意图与下级意图得以统一，市教育局以此回应"一把手"的批示要求。

那么，为什么C区不遵守合作办学协议中的协议生效时间，于9月1日接收D校派出的管理团队呢？笔者查阅了协议书，原来协议书中并没有提及对31中老校长的相关安排以及区政府何时给予D校新校长的任命。因此，C区教育局又回归到"拖延"的状态，等待区政府下达文件。这与办学协议审核过程时的情形具有相似性，也就说科层制固有的纵向结构——区政府对区教育局的保护对科层制的纠偏产生了阻力，即"纠偏"出现反复。但是，此时应经没有"高度纠偏"的动员力量，因此，D校出现了派不出去团队的尴尬。

第四节 本章小结

本章讨论的主要思想是针对科层制的外部合作，围绕政府对企业、民办学校的权威，民办学校与科层制的碰撞以及科层制"纠偏"出现反复的问题进行了陈述和分析。在政府权威性的条件下，企业不可能在完全竞争的市场上兴办学校，它与政府的合作关系持续存在并不断发酵。

过去，政府允许公立学校引入市场机制以此推进"国有民办"办学体制改革的步伐，维护政府有能力举办充足的公共教育的权威。如今，政府另辟蹊径地利用民办名校的力量，扶助公办薄弱学校更好更快地发展，也让民众享受到更多优质教育资源，树立了政府为民服务的权威形象。总之，政府与企业之间的结盟体现出政府的强势地位。

科层制干预市场体制下运行的民办学校，打破了民办学校的既得利益，民办学校若再输出管理和教师资源而对本校利益有所损害的话，学校的声誉会随之受到影响，这也正是民办学校校长的顾虑所在。而政府的坚定态度及其对民办学校和民办教师利益提供的政策保障使得民办学校没有办法完全脱离科层制的控制，这是科层制外部合作得以运行的基石，也反映出政企关系的重要性。

不过，对于政企之间的结盟关系，公办学校的校长与区政府官员均表达了担心。而民办学校与"薄弱区"政府之间的合作不顺利，恰恰表现出科层制外部合作并不如预期那般令人惊喜。受市场体制的调节，民办学校在干部任命、教师管理和流动方面更为迅速。因此，民办学校已经准备好的输出团队仍在等待"薄弱区"政府的尚未落实的校长任命和相关安排。这份3年为周期的合作办学协议书，也许已被区政府束之高阁，因为只有在高度动员的情境下，他们才会围着这一件事"团团转"。

然而，当政治动员逐渐消退后，义务教育管理体制内的区教育局又回到按章办事的轨道上来，即等待并听从区政府的指令。科层制固有的纵向结构阻力再一次暴露出来，然而此时，已不再有组织精英采取的非正式的"上下级动员"。因此，"纠偏"效果出现反复。而科层制的"外人"是最先感受到科层制"纠偏"停摆的。结合前面章节，我们可以看出政府作用与市场机制在科层制的外部合作方面有许多关联。

第六章　科层制的纠偏机制

开创负责任的时代。

——美国前总统奥巴马

面对无法拥有的义务教育管理权力，市级教育主管部门却背负着市域内城区间的教育均衡发展重任。本书对科层制以"纠偏"寻求解决自身局限性的研究过程在本章中得以完整呈现（见表6.1）。在这一过程中，组织生存的外部环境与内部要素特征共同塑造了科层制的纠偏机制。首先，市域教育均衡化的目标，它在科层制下是无法解决的，面临着自身的局限性，外部环境要求科层制组织完成一场华丽的变革。其次，在科层制纠偏机制的作用下，纠偏效果取得了由低到高的层层递进，修正式的科层制使得部分组织目标得以解决。最后，由于科层制固有结构仍然难以逾越，于是出现纠偏效果的反复，使得科层制目标无法彻底实现。接下来，本章结合案例事实从以下三方面深入总结本书的研究结论。

表6.1　　　　　　　　　科层制的纠偏机制研究过程

1	偏在哪里	科层制组织的局限性			
2	为何纠偏	外部环境			
3	如何纠偏	上下级动员（正式）	法约尔桥	上下级动员（非正式）	无
4	纠偏效果	低度纠偏	中度纠偏	高度纠偏	停摆

第一节　科层制纠偏机制的外部因素

一　政策环境对科层制纠偏的影响——宽松分权

处于中国五级政府管理体制顶端的中央政府和省级政府，共同对市级政府的教育均衡化改革形成了外在推力。在这个赋予权力的过程中，虽然它们从上而下地对市级政府提出了要求，但也赋予了市级政府所需的灵活性，每个地市的教育主管部门都可以发挥自主性。因为，在这一时期，无论是中央政府还是山东省政府和教育厅出台的政策规定，一直停留在大方向性的指导与鼓励方面，各地市政府还需要自己"摸着石头过河"。

自 2010 年《纲要》颁布实施以来，L 市围绕义务教育均衡发展要求，以办好每一所学校为目标，强化统筹，持续加大教育经费投入，较好地实现了义务教育各区域内的协调发展。截至 2013 年，A 区、B 区、C 区、D 区、E 区、J 区六个区均被评为省级教育工作示范区，F 市被评为省级推进义务教育均衡发展工作先进县。2013 年，L 市还将"推进义务教育区域均衡发展经验"在全国现场交流会上作了介绍。接下来，从 2013 年 11 月党的十八届三中全会召开并提出全面深化教育领域综合改革的精神，到山东省制定具有可操作性的政策法规并鼓励各地市政府采取因地制宜的政策，宽松的上级目标更是成为市域教育均衡化这一新管理目标的外部驱动力。

教师是教育事业的核心要素，从某种意义上说，推进义务教育均衡发展，关键在区域之间的师资配置。因此，L 市教育局明确了跨区域重新配置优质教育资源的做法。根据特定的数量化指标，市教育局将各区分别界定为"优质区""薄弱区"。根据前文的分析，虽然"薄弱区"政府本身不愿意承认区内教育资源薄弱，但是"教育具有重心偏下的性质"

（bottom-heavy technology of education），[1] 科层制不得不采取一些可测量的指标因素对各区的办学情况进行评估和考核。国家对义务教育均衡化发展的重视为各地留下了较大的自主发挥空间，同时山东省针对省内贫困地区义务教育薄弱学校所做出的改革意图和政策行为又为 L 市对"薄弱区"的界定提供了改革方向。因此，尽管每个市的教育主管部门具有一定的自主性，但是对上级意图的理解与支持已经植根在科层化控制的行政人员的行动之中。

随着缺少优秀教师资源的"薄弱区"学校被突显出来，市政府对"优质区"学校帮扶"薄弱区"学校的改革目标已经呼之欲出。正如 Z 局长对各个区的教育官员所讲的："要认识到优质学校有义务扶持薄弱学校的发展。因为名校的培养，是由市、区两级政府共同培养出来的。"（SXZZMS0806）可以看出，L 市试图采取的改革是在自身教育管理范围内进行的资源再分配。一方面，"薄弱区"的界定使得改革目标合情合理，这说明在科层制下，学校之间确实存在着名校与薄弱学校的差异。另一方面，市、区两级政府确实有能力对学校的培养和发展产生影响，这使得在市政府的干预下，"薄弱区"办学状况的提升将充满可能性。

然而，"宽松分权"又是有限的，市教育局的统筹管理责任尽管被扩大，但是它所拥有的权力受制于科层制的固有结构关系，即受制于嵌入在区政府与区教育局之间的上下级的控制。市、区两级政府在教育管理体制的不同权限早已为它们彼此的合作筑起了藩篱，表现在以下两方面。

第一，上级目标并未改变区政府控制义务教育学校的管理地位。市教育局仍然处于义务教育管理制度中的指导地位。市教育局确实获得了一些统筹协调的权力，不过区政府十分看重自己手中的权力，不愿在上级政府的压力下轻易放弃。因此，当涉及"薄弱区"的一些重要权力时，多数时候不会顺利解决。因此，既有的制度环境给科层制纠偏机制的产

---

① 约翰·E. 丘伯、泰力·M. 默：《政治、市场和学校》，蒋衡等译，教育科学出版社2003 年版，第 195 页。

生带来了困境。科层制受到了原有教育管理体制下的地方办学自主权的"静悄悄"地抵抗。如果从这个角度来理解"薄弱区",我们就可以理解它为什么不愿意被界定为"薄弱"。无论区政府是多么看重上级政府的人事任命和干部考核,它都是法定意义上的属地义务教育的管理者。

第二,仍要面对科层制严格的等级化管理。例如,L市跨区域之间按部就班的《合作办学协议书》的运动。即使市教育局在不懈地努力,区教育局出于满足合法性的要求也不能摒弃等级环境下的"游戏规则"。因为自身才是区内义务教育的"管理者",市教育局的角色随时可能回归单纯的"指导者",因此它存在观望甚至磨蹭的想法,未能及时遵从市教育局的具体实施方案,这样引发对市教育局的行政权威性的挑战。

总体而言,这种特定的政策环境为科层制纠偏机制的产生提供了外在空间,但在宽松的上级目标中,市教育局未能寻到平衡"教育管理困境"的支点,而市委书记"一把手"的批示却提供了这样一个坚实的拐杖,为市教育局的"纠偏"提供了支撑点。

二　"领导重视"对科层制纠偏的影响——硬性指令

一句"领导重视"不是空话,这反映出科层制对高度精英化的深入思考。"一把手"的批示具有韦伯所说的魅力型领导人的影子,魅力型领导人在领导工作时,常常跨越权限,超越程序,一竿子捅到底。① 这是由魅力型领导人所处的科层制高层级的地位所决定的。在等级化的政府内部,领导人是权力资源的聚集点,同时他的触角也可以延伸到各种附属部门。

以L市为例,市委、市政府"一把手"的批示给予教育科层体系的内在张力,将市教育局从科层制的枷锁中释放出来,赋予其在区域之间重新配置教育资源的行政权威性,改善"薄弱区"的办学现状,如此一来,科层制的纠偏机制才得以启动。因此,我们看到在科层制里,市教

---

① 苏力:《制度是如何形成的》,北京大学出版社2007年版,第217页。

育局一面从上级手中得到分权，一面又要马不停蹄地对各区教育局的办学行为进行集权，这两个过程几乎可以是一前一后地进行，使得科层制组织既维护了自身合法性，又考虑了工作效率。

一方面，领导人所做出的决定在科层制内是比较透明的。科层制不论从纵向结构上，抑或是横向机构上，均能通过层层下达获悉领导人的意图。如果领导人的决定是纸面上的"批示"，那么，比起口头上的指示就更容易毫无偏差地在等级秩序之间进行传播。这有助于市教育局的"纠偏"得到了科层制内部的承认，为大家所接受。一旦市教育局在市域教育均衡改革的问题上获得了领导人的审核通过，它就获得了上级对其汇报的"跨区域合作办学"政策的默许，领导人的触角并不会深入到市教育局的实际运作过程中。因此，区政府、区教育局会在原先确定好的权力之外，尽量配合市教育局的相关工作；市教育局内部不同部门之间也会出于整体利益的考虑，相互配合并改变过去的科层制运作规则。

另一方面，市教育局不仅是一个信息传播和交流的平台，即领导意图通过它向科层制的内部延伸，区教育局、学校通过它获得科层制顶部的信息或指令；它还必须在一定的时间段内，统筹管理各区的义务教育改革，快速地弥补上下级间的信息不对称问题，实现对科层制其他局限性的纠偏。一直以来，区教育局在义务教育管理结构中占据了有利的位置，上级政府对义务教育县域均衡的注意力和政策资源、财政补助都是关注于各区教育局的。因此，领导人做出的决定对市教育局而言具有强有力的督促作用，又因为"领导重视"常常是不稳定的，面对一项领导作用如此外显化的教育改革，教育主管部门必须紧紧抓住契机，在"批示"规定的时间内提高工作绩效。

总体而言，面对市域教育均衡化目标，义务教育管理权限的上移为市一级教育主管部门的"纠偏"提供了必要的制度空间和基础条件，而地市政府的领导重视又起到了决定作用，为科层制纠偏机制创造了一个具有等级秩序保障的充分条件。

第二节　科层制纠偏的内部运行机制

一　动员机制

（一）会议与动员

面对信息不对称问题，政府采取了政治动员方式，首先是以传统的会议动员方式向相关区政府、学校、企业的负责人做思想工作。关于政治动员"为什么会发生"的问题，Z局长给出了最简洁的回答："这是一件行政推动的事儿，必须落实。"（SXZZMS0806）

优质教师资源作为一种稀缺资源，是政府考虑通过名校所获取的资源，而名校与区政府、企业所结成的隶属关系也是这种资源存在的场所。在这个意义上说，教师资源是"在目的性行动中被获取的和/或被动员的、嵌入在社会结构中的资源"，[①] 而且教师资源不仅具有嵌入性，也能发挥在相似组织内的能动性。在这种共识的基础上，战略层通过召开会议，趋于全面地交代上级意图并了解下级信息，进而为下一步方案和策略的提供做出判断。Z在2014年8月6日的调度会上强调"关于跨区域的办学模式，这是一项重要改革，包括教师交流。今年必须有所突破"。（SXZZMS0806）对战略层来说，开会是向各方表明上级意图最有效的途径；而且，在未来改革走向并没有完全清晰的背景下，由战略层频繁组织会议也表明了它对改革相关信息的垄断地位。

当行政推动和信息垄断地位被确立之后，战略层提供五种合作方案来弥补科层制的有限理性。方案一"名校集团化办学"，关键问题在于市教育行政部门的"放权"，让教育集团在人、财、事的具体管理上获得自主权。这明显与政府主导下的"跨区域合作办学"的初衷相背离。"西安搞过'教育集团'，加了管理层，咱们不学它。杭州做过集团式管理，比

---

① 林南：《社会资本——关于社会结构与行动的理论》，张磊译，上海人民出版社2005年版，第28页。

较松散，D 局长倾向于比较紧密型的。而且，教师交流不能带来新的问题。必须从政府角度考虑老师的实际困难。比如，年轻女教师的安全问题。"（SXZJYS0813）

对比五种方案来看，方案二对市区两级教育局的依赖性都强，也恰恰因为这种依赖性反而使它更容易被确定下来。在科层制下，虽然面临许多种方案的选择，但是战略层还是会发挥主导地位，引导利益群体选择方案的方向，而不会以效率作为首要考虑。这也是政府进行会议动员的最大目的，即对自身权力的核心地位的彰显。

（二）校长职级与动员

关于教师人事管理制度，L 市义务教育阶段的学校校长和教师的管理可以分为两部分：一是由市教育局直属管理的中学部分；二是由各区教育局人事部门直接负责管理的小学和中学部分，其中的校长和教师也是所要讨论的"区域人"。每个区教育局自行对中小学校长和教师进行管理，对其进行公开招聘、开展培训交流。

不过，以前是校长和教师作为"区域人"的情况，如今面对的是"市域人"，个中困难又在何处？市教育局 C 主任提到："目前各区之间的教师调动很难，比如 A 区和 B 区之间的调动，如同 A 区和山东省内其他市之间的调动一样难。"（SXZCT0815）的确，市教育局无法决定教师在市域教育系统内各区域之间的调动，也无法处理因照顾家庭等原因需要调往其他区工作的教师调动。"区域人"难以变成"市域人"的原因很多，一是各区域之间、校际之间教师编制、职称等限制；二是不同区域、校际之间的学校级别不同；三是区市教师基数不同而存在的评比数量的客观差异；四是教师培养环境等不同，有些区域所提供给教师的国内、国外的培训机会相对多一些。然而，在现有的动员机制的作用下，校长和教师由"区域人"转变"市域人"成为可能。

从校长的流动情况上看，过去是以区域内校际间的流动为主。以 A 区为例，区教育局规定"凡在一所学校连续 6 年任职的校长必须进行轮岗交流"。过去，教育主管部门普遍认为，无论是小学校长还是中学校长，应主要立足于从本校的教师干部队伍中培养和提拔，尽可能地不从其他单位调动进来并不熟悉组织文化的人员担任学校校长。因此，在校长任期问题上，基层政府并没有做出硬性规定，反而鼓励优秀校长长期扎根一个学校，以此增强学校教师队伍的凝聚力。然而，2008—2012 年，A 区 82％的中小学进行了校长轮岗交流，并实施了教师"人走关系走"的流动。在一所学校成长起来的名校长成为整个区域的流动资源，成为"区域人"。

如今，在"跨区域合作办学"的组织形式中，战略层以"校长职级制"为动员手段，对校长的流动起到了很大的推进作用。过去，政府很难安排一个正处级学校的校长到副处级学校担任校长。从 2013 年 1 月起，L 市采取了校长职级制改革试点，市教育局局属学校校长的职级评审按照相应的评审规则进行评定，总分 100 分，最后根据综合所得的分数定校长的职级，分为特级校长、高级校长、中级校长、初级校长。如此一来，公立学校校长的薪酬待遇与他所在学校的行政机构级别相互脱离，使校长在各区不同行政级别学校间的流动成为可能。虽然没有在《合作办学协议书》中细化，但政府一再承诺的是，一名来自名校的副校长流动到薄弱学校任职校长 3 年，享受的是校长职级制的待遇。[①] 此种动员机制有效地解决了校长流动的待遇问题，不再由单纯的"做思想工作"的政治动员支配，而是考虑到现实的物质利益。

（三）教师职称与动员

从教师的流动情况上看。以 A 区为例，自 2008 年以来，该区有92.5％的引进教师和 84.6％的大学毕业生被分配到区域内发展中的学校。新进教师通过老教师的"传—帮—带"一年年地成长和发展，教育教学成绩突出的教师可以在区内被评为教学能手、学科带头人、专业技术拔尖人才等。然而，计划经济体制下沉淀的教师职业稳定的心理认知使很

---

① 目前，L 市校长职级制的应用范围是公立学校的"一把手"校长，即正校长。副校长还不在规定范围内。

多教师形成了对"铁饭碗"的依赖心理,[①] 不愿意进行区域内的教师流动。从 2006 年起,A 区内实现教师工资的统一,而且从 2009 年起全市又实现了义务教育教师平均工资水平不低于当地公务员平均工资水平。这些措施都为教师从区内超编学校调动到缺编学校,从区内优质学校流动到发展中学校打下良好的基础,从而使整个区域内的优质教育资源得到均衡发展成为可能。截至 2012 年,全区 100% 的学校拥有了市级以上骨干教师,打破了名师"一校所有"的状况。

那么,政府如何更好地使教师从"区域人"转变为"市域人"呢?L 市政府在教师支教方面的已有制度设计在很大程度上对市域内的教师流动提供了激励。从 2008 年起,L 市建立城区教师农村支教制度,对支教教师每月补贴 500—800 元,并在部分区试点建立农村教师岗位津贴。自 2013 年开始,实行义务教育学校教师评聘高级专业技术职务应具有 1 年以上在农村学校或薄弱学校任教经历的政策。W 书记曾向笔者回忆,"我待过的学校每年有 1—2 个支教名额,老师们为名额'抢破头',而且也不用学科对口。因为评职称的压力嘛,这是晋升的必需条件,五年内得有一次支教经历。我觉得跨区域的流动,只要有评职称这一条线就行。或者可以把支教改成积分制,支一次教,积几个分。我记得有一个女教师,家里挺有钱的,由于没参加过支教,就没评上职称。她哭得很惨,说不是为了涨工资,是为了争口气。"(SXZWLM0804)

在与这位既有学校工作经验,又在教育主管部门工作的老师的对话中,可以明显地看得出教师支教制度在基层单位的扭曲,实际上教师支教制度在落实的过程中与原本的部分政策初衷发生了偏离。教师们不得不为了评职称而向这些标准靠近。有意思的是,这竟然实现了政府的改革目标,反映出基于教师职称的动员机制确实对基层教师具有吸引力。如果说岗位津贴起到的是一种物质利益上的激励作用,那么,战略层所设计的"职称与支教挂钩"的举措不仅充分动员了城区的优秀教师进行

---

① 陈坚、陈阳:《我国城乡教师流动失衡的制度分析》,《教育发展研究》2008 年第 Z1 期。

流动，也稳定了薄弱地区的教师群体。

二　协商机制

（一）与职能层的协商

在完全承担属地义务教育管理权限时，科层制的组织机构如同企业M型组织形式一般，即职能层的日常事务独立于战略层的管理。战略层按照地域划分，在各区均设有一个教育主管部门，形成了各类教育管理、教学科研服务、教育后勤服务等主体部门。截至2014年，L市A区基础教育领域的管理人员规模为8人，B区管理人员规模为5人，C区管理人员规模为6人，D区管理人员规模为7人。虽然各区教育行政管理人员的规模非常小，但从每个区多则4.5万名①（B区），少则1.6万名（D区）的小学在校生数量来看，他们的服务群体是相当庞大的。

在民众对优质教育资源的需求日益强烈的情况下，一直是L市领头羊的A区都将推进教育优质均衡发展作为区教育管理部门首要考虑的问题，并明确了四方面的"跃升"工作思路：由教育机会公平向教育待遇公平的跃升；由硬件配置均衡向师资、办学水平均衡的跃升；由重办学条件向高品质、特色化办学的跃升；由保障户籍学生教育权益向教育惠及困难学生、特殊儿童、进城务工人员随迁子女等的跃升。② 与战略层的中长期教育规划的总体设计不同，职能层的办学目标和发展思路的设定更为具体可行。

除了在常规性的学校、教师、学生的工作中体现着管理职能外，职能层还承担一项非常规性的工作——接访。前文提到过2014年的夏天，B区内家长对"取消择校""就近入学"等情况有意见、上访的情况比较多。B区教育局设立了4个接访小组，尽可能地给予家长答复。"我们中午都没有时间吃饭的，因为家长不走啊。"（LXZZY0806）面对复杂的基

---

① 《L市2014教育统计年鉴》分区市小学学生数情况。
② 《坚持优质均衡并进，让每一所学校绽放精彩》（A区）。

层教育现状，职能层内教育工作者的行动准则是相对独立自主地处理好各项教育问题。然而，中国的具体教育政策的制定权限在市一级政府，如"取消择校"政策，由于政府决策者在政策制定过程中的有限理性，使得政策制定出来后，在基层的运行结果并不是按照预定目标在执行。原有"择校"政策的受益群体通过信访方式对政策执行表示不满，这对区政府的政策执行造成干扰。不过，区教育局"非有求必应"的处理方式透露出丰富的基层教育管理经验。"今年不能择校了，闹得更厉害了。只能闹学区、闹国家的就近入学政策。如果同意这部分人的要求，那其他的人又来上访呢？"（QXZZY0806）因此，区教育工作者在解释中央政策执行与维护基层教育稳定方面发挥着重要的作用。而且，从现实的状况看，他们的接访工作在大多时候发挥了其应有的作用，这与工作人员的态度、管理经验以及教育资源的基本保障水平是分不开的。

面对区教育局独立自主的办学运作情况，除了动员机制以外，市教育局还采取了协商机制。根据资源依赖理论的特点，协商应是在双方资源相互依赖的情况下才能产生的。事实上，从2004年起，L市已经将教育纳入区（市）政府目标绩效考核体系，每年选取2—3个影响教育改革发展的重要问题进行考核，到2011年，考核的权重已经增加到2004年的3倍。这说明，职能层中的教育管理运行受到了战略层的监督。正是因为战略层的监督者拥有肯定或者否定职能层工作的权力，导致了市教育局基础教育处与区教育局之间有协商的可能。如此大范围的跨区域合作办学，毫无疑问是2014年具有影响意义的教育改革事件，因为它成为市政府对各区教育的目标绩效考核的可能性很大。

因此，尽管是义务教育政策的真正实施单位，不过职能层还是积极与市教育局进行协商，努力配合战略层的意图。然而，当涉及职能层重要利益时，其拖延与回避的态度也是出现在彼此协商的过程中的。

如果说动员机制面向的是全部的利益群体，尚未明确到具体的单位或个人，那么，协商机制就已经将"靶子"范围缩小，使得基层教育官员无法回避来自市教育局的协商与对话。因此，职能层通过与战略层的协商可以提前获取更全面的教育改革相关安排，继而可以共同有针对性地应对上级政府关于市域教育均衡化发展的要求。这里的协商逻辑符合周雪光所说的"共谋"，即基层政府与它的直接上级政府相互配合，采取各种策略应对来自更上级政府的政策法令和检查监督，[①] 而这可以视为"共谋"的一种特殊形式，即基层政府与它的特殊上级部门[②]相互配合，采取策略应对它们共同上级政府的政策要求。

（二）与作业层的协商

虽然确定合作方案相对容易，但在方案分解到学校的过程中，战略层与作业层之间的协商困境一一突显出来。

一方面，与民办学校的协商。新世纪小学出于对民办学校和公办学校的教育评价体系、学生家庭背景等情况不同的担忧，认为合作办学的周期应该延长到 6 年；而且提出小学与初中的情况不同，初中确实是 3 年就能通过中考升学率看出合作办学的一些变化。不过，市教育局与新世纪小学协商的内容是，"如果你们 3 年能办好公办学校，说明你们的办学模式有生命力。3 年要见效的"。（SXZZMS0806）在以上对话中，我们既可以看到市教育局的权威作用，又可以看到它对民办学校办学积极性的动员。从这个意义来看，协商机制对于民办学校合作办学的推动力还是很大的。

另一方面，与公办学校的协商。如前文所述，在市教育局与其直属公办学校这样的"亲生子"的互动中，动员机制下的"纠偏效果"并不有效。对于公办名校提出的解决"干部指数、教师编制、教师支教经历"后才签署合同的要求，Z 局长比较有耐心地与之对话，评价这些学校是"先小人后君子"的正确做法，他提到"不加派老师的话，学校真就转不动了"。在科层制"领导授意"的情况下，市教育局基础教育处采取了"法约尔桥"（N）的方式，直接与市教育局其他部门进行协商。无论是

---

① 周雪光：《基层政府间的"共谋现象"：一个政府行为的制度逻辑》，《开放时代》2009年第 12 期。

② 此处上级部门是具有业务上的指导权，并没有人事、财政等管理权的部门。

人事部门，还是组织部门，都将本次改革中出现的问题作为首要考虑，都会尽可能地保证派出学校的老校运转、人员需要。因此，市教育局基础教育处通过与市教育局各部门的"内部协商"实现了与公办学校的"外部协商"。从某种意义上讲，"内部协商"与"外部协商"均属于科层制纠偏的内部协商机制的具体表现。

三　人情机制

正式组织中的参与者自己制造他们的非正式规范和行为模式：地位与权力体系、沟通网络、人际结构以及工作安排。[①] 而非正式结构也具有了一定积极作用，包括促进交流、增强信任和弥补正式体系中的不足。[②] 因此，相对于密集式开会、调动部门资源等正式方式，科层制纠偏的过程中还出现了"私下劝说"的方式，即人情机制的作用。如果建立在科层制基础上的工作环境塑造了正式方式，那么组织精英之间超越正式方式的人情机制的动力来自哪里呢？

一方面是对于完成政治任务的时间需求。组织精英对人情机制的依靠，主要是因为要在规定时间内落实好各项事宜。"以前我们都没做过，所以肯定会有操作的细节问题。牵扯到 C 区校长和教师的许多安排，要在本学期开学前做好。"（SXZJYS0813）在合作办学协议书的确认过程中，它不仅需要两区教育局、区政府领导的过目，还需要经过每一个区的法治办公室的认可。这使得审核时间大大增长。不过，战略层的组织精英具有职级优势，这种优势使得他们选择非正式方式成为可能。只有科层制较高层级的人员才可以接触更为丰富的信息资源，他们控制着整个

---

① W. 理查德·斯科特：《组织理论：理性、自然与开放系统的视角》，高俊山译，中国人民大学出版社 2011 年版，第72 页。

② Gross, Edward, "Some Fouctional Consequences of Primary Controls in Formal Work Organizations", *American Sociological Review*, 18, 1953: 368–373.

行政协同的进度。① 因此，在某些特定时候，战略层的角色是可以选择区教育局、区政府、区法制办等政府机构中的较高层级人员，通过电话方式让对方了解此项改革的紧迫，产生信任与同情，在合乎规定的前提下尽可能地加快行政协同的步伐，从而实现高度纠偏的可能性。

另一方面，下属们对上级领导出面完成目标的期盼。当遇到改革瓶颈时，虽然市教育局基础教育处与区教育局是同一行政级别的事业单位，但"法约尔桥"（M）并没有行得通。在一次正式会议结束之后，J 处长将 A 区、B 区、C 区、D 区的区教育局负责人单独留下，私下了解各区的意见。各个区是提供公共服务的直接组织，承担着各自辖区内教育、医疗、社区服务等公共服务的责任。区教育局的理解，意味着帮助市教育局更好地分担此次市域教育均衡改革的重任。

从案例市来看，市、区两级的教育主管属于有分歧的同质性组织精英，他们在不同行政级别的教育机构中的决策、指挥、管理、动员等环节上可能具有一致的意见，这使得他们之间的沟通显得相对容易。他们在信息资源上的异质性，又使得他们彼此之间有很多的资源可以相互利用。同时，这些精英不仅在个人的动机和利益诉求上没有分歧，而且在教育改革行动的策略选择上也趋于一致，比如 B 区教育局一直在推行区内"名校办分校"办学模式。但是，问题的关键在于他们之间能否进行充分而有效的沟通。

虽然市教育局局长 D 是从教育系统外部（市城市管理行政执法局）调过来的，而且就任时间不是很长，但是这并不代表他很难与区教育局发展出密切的关系。可以想象，在日常性的工作中，他与各单位的关系不错，因此，在区教育局眼里，D 是一个有分量的人。就当前中国国情而言，在中国人的骨子里有这样一种想法：当事情办不了的时候，应该去找个熟人搭桥，给双方找个台阶下。因此，当"法约尔桥"（M）失效

---

① 黄晓春：《技术治理的运作机制研究——以上海市 L 街道一门式电子政务中心为案例的研究》，周雪光、刘世定、折晓叶编《国家建设与政府行为》，中国社会科学出版社 2012 年版，第 348—377 页。

后，D自然成为"搭桥人"。他与C区教育局S局长私下联系，希望双方在合作方面都有所退让。可以看出，组织精英不仅具有科层制所说的工具性作用，也具有表达性的人格作用。

接下来就是人情机制中的恳谈。如何相互理解与同情，并且行之有效地促使利益冲突朝着解决的方向前行，恳谈过程无疑是最能体现互动效果的。如果在组织精英之间形成了团结的人情关系，那么，这意味着市教育局与区教育局之间也形成了一定的信任与支持的纽带。在一方面临教育管理困境时，另一方也会有所支持。不过，值得注意的是，人情机制也可以把恳谈引向冲突的深渊，即引向相反的方向，比如组织精英的情绪过于激动与释放。

可以看出，市政府本身在处理市域教育均衡化事务时缺乏制度化的程序或方法，如果行政命令很强，那么就增加了人情机制出现的可能性。此项机制在教育改革中的突显也是由市教育局所在的组织边界单元地位所决定的。如果把协商机制看似"晓之以理"，那么，人情机制如同"动之以情"。

以上三种机制比较而言，动员机制的充分运作是以外部环境中的政策环境为前提的，因此，动员机制最能体现出科层制纠偏的理性化和常规化。而协商机制是在某些单一事件中体现出来的，弥漫的是一种对改革的强烈推动力。人情机制的启动是以动员机制与协商机制的积累为前提的，反映出处于改革浪潮中心的组织精英在处理缺乏制度保障事务时的个人能动性，此项机制最能体现出科层制纠偏的情感逻辑与非常规化。

总的来说，在科层制纠偏的过程中，随着科层制组织与各种内外部因素相互呼应，政府的主导作用好似一根强大但无形的"针"，将科层制纠偏的内部运行机制——动员机制、协商机制、人情机制贯穿起来。无论是正式的动员机制，还是协商机制、人情机制，科层制组织一直是在合乎政策、法规的合法性条件下对其自身的局限性进行着"纠偏"。

第三节　难以逾越的科层制的固有结构

一　科层制纠偏机制的发展轨迹

在政策环境和"领导重视"的影响下,科层制纠偏机制的运行受到了政治动员方式的影响。随着时间的流逝,科层制纠偏机制的发展轨迹既不呈现一路上升,也不一直下降的路线,而是近乎倒"U"形的曲线(见图 6.1)。

科层制的纠偏机制的发展轨迹

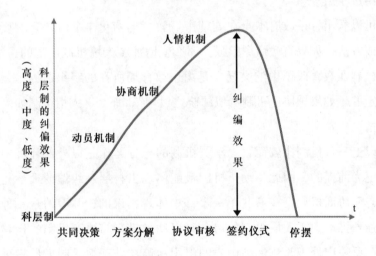

图 6.1　科层制纠偏机制的发展轨迹

具体来说,在外部环境的影响下,科层制组织 M 型结构脱离常规的状态,即纠偏机制开始运行。运行初期,战略层首先到外部环境中的企业展开调研,吸纳其举办的民办学校,在此期间形成了政企联盟;召集职能层、作业层密集式开会、选择合作办学方案等,这个共同决策的时期是"上下级动员"起作用的阶段。

接着,在合作方案的分解时期,涉及局属学校的校长指数和教师编制等问题,"上下级动员"的作用并不明显。而"法约尔桥"方式的加入，达成中度纠偏效果。

然而，在合作办学协议的审核过程中，"法约尔桥"的方式已不足以缩短审核程序。此时，非正式的"上下级动员"方式加入进来，有效地推动了科层制"高度纠偏"的发展。

直到合作办学签约仪式的举行，纠偏效果实现最大化，这意味着上级目标和下级目标的一致性得到确认。而后，各种政治动员方式均不断减弱，科层制的纠偏效果出现反复，近乎停摆状态。如同维克所言，组织只有在灵活性与稳定性之间保持平衡时，才能得以生存。[①] 这反映了科层制理论中的组织内在生存逻辑，并且符合韦伯提出的合法性（legitimacy）的要求，一旦组织存在，它就会力图维持自身的生存和发展。

从图6.1中可以看出，科层制纠偏机制的发展轨迹是"先慢后快"，可以解释为：在纠偏的动员机制阶段，科层制组织存在一个缓慢适应的过程，随着协商机制、人情机制的展开，动员力量获得不断提升，科层制组织达到最大幅度的"纠偏效果"。当上下级目标一致性获得确认之后，即"一把手"任务完成，那么科层制的纠偏机制没有了继续成长的外部驱动力。最终，随着各种政治动员方式的消失，科层制的纠偏机制进入停摆状态。

二　科层制的横向结构阻力

科层制本身的上下级等级秩序的特征制约了其横向结构上的沟通。可以说，在科层制的体制下，"法约尔桥"本身是存在问题的。100年以来，这一问题在管理变革和组织演进的过程中一直没有得到有效解决，使组织效率的提升和组织成本的控制面临瓶颈。"法约尔桥"并不是一个稳定的组织结构要素，其会随着人际关系的离散和部门利益驱使而消失。从案例市来看，一旦上下级的动员力量减弱，缺乏领导人的授意，那么，

① Weick, Karl E., *The Social Psychology of Organizing* (2nd ed.), Reading, MA: Addison - Wesley, 1979.

跨部门之间的直接横向沟通就会中断，从而导致组织的整体协作效率的降低。"法约尔桥"问题，形象地说明了科层制横向结构与组织协作效率之间的冲突。

一方面，科层制组织并不情愿主动采取"法约尔桥"来处理矛盾，因为如果让下级与下级之间都采用这种形式，那么将会反映出上级领导管理能力的不足。这也正好在本书中得到印证："法约尔桥"（N）是在正式的政治动员失效的情况下，经过上级领导的认可才予以进行的。当市教育局的动员对公办名校的诉求不起作用时，市教育局出于外部环境的压力才同意其下属各部门之间直接的横向沟通，加快办事效率，提供满足公办名校诉求的政策。这正说明特殊时期的市教育局对名校资源的强烈依赖性，才使学校敢于挑战其行政权威性，出现了"法约尔桥"发挥作用的空间。

另一方面，科层制组织趋向于逃避责任的考虑，也不会主动采取"法约尔桥"。如果没有等级化的办事秩序，那么，下级部门之间的协作将会出现"由谁来为改革负责"的问题。在我国实行的党政管理层次上，按照管理权限划分为"分级管理、层层负责"。这种导向性的等级安排，代表着下级行动是对上级意志的表达。由于追随了上级的意志，下级在落实政策的进程中而不必担心被追责的可能性。因此，"法约尔桥"的长期存在将会使得科层制组织内部形成打破常规秩序的恶性循环，这在很大程度上稀释了科层制本身的特征。

总而言之，科层制横向结构上固有的权威性缺乏，是其本身的等级化结构所带来的问题，使"法约尔桥"难以抵挡处于合法性地位的等级压力，因此成为一种暂时而不稳定的要素。一旦"法约尔桥"断裂，科层制组织的协作效率将大大降低，引发科层制纠偏机制的纠偏效果的反复。

三　科层制的纵向结构阻力

当L市的签约仪式举行完后，战略层、职能层、作业层三方各持一份《合作办学协议书》，预示着"一把手"批示已经办结。由于具体的甲乙双方是区政府或是学校，而市教育局扮演的是监督与评估的角色，因此，既然合作办学还没有启动开来，市教育局没有必要立即行使已被协议确认的监管权。新学期开学在即，市教育局必须马上恢复到常规化的治理工作上来。除了义务教育均衡发展之外，普惠性幼儿园的建设、特殊教育资源建设、现代职教体系建设等也都是 2014 年 L 市政府对办好人民满意教育的要求。因此，市教育局对市域教育均衡改革的政治动员水平减弱。随之，科层制的纠偏效果出现反复（前文所述的科层制横向结构关系），甚至进入了一个尴尬的停摆状态，这是由科层制的纵向结构关系造成的。

　　纵观科层制纠偏机制的复杂运行情况，其外在表现是由于受到了外部环境的两个不同层面的干预：一是宏观层面的政策环境，在义务教育管理制度之外，为市级政府设定了统筹管理的宽松空间；二是可操行性层面的上级硬性指令，给予市教育局实现"市域教育均衡"的行政压力。随着正式化动员的启动，科层制纠偏机制的运行在不断深入，并且越来越受到来自科层制纵向结构的压力。区政府对区教育局既有的权威与保护制约了市教育局对区教育局在"权威监管失效"层面的纠偏。以 L 市为例，非正式的动员作用虽然得以发挥，但是面对科层制的纵向结构阻力，组织精英是不会一直维持这种动员状态的。

　　一方面，科层制围绕组织交界单元的特性开展统筹管理，形成了基本的纵横交叉的模式。具体而言，市教育局通过市政府获得行政权威性，成为科层制纠偏机制运行的中心；而区教育局则是义务教育管理体系中管理有相当规模的区属学校的代理人。从市一级教育主管部门对区一级教育主管部门的行政指导角度来看，区教育局在教育科层体系中的位置是一种相对从属的地位。这还体现在区教育局所拥有的学校资源的质量上。除了 A 区的市实验小学，其余所有参与本次改革的区属学校都是所谓的被帮扶学校，也就是说，市教育局掌握的是全市最优质的中学教育资源，握有公办名校的实际控制权。因此，在教育科层体系中的地位及拥有的优质教育资源的共同作用下，市教育局的组织精英就难以向区教育局做出连续的、非正式的动员。这种建立在良好的私人关系基础上的沟通方式带有很强的随机性与不稳定性。

另一方面，也是科层制纵向结构的特征所决定的，它反映了科层制的权力结构。区政府对校长的管理权无疑意味着其在学校的权力结构中占据着重要位置。在办学协议审核的过程中，虽然经过市教育局局长的私下沟通，C区将两所小学的名单进行撤换（中学名单并未变更），回避了与市教育局在校长任命问题上的分歧，但是，在签约仪式后，C区仍然纠结在中学校长的任命问题上，拖延履行协议内容。这说明，协议在关键问题上不够清晰，导致了科层制的纠偏效果大打折扣。一旦政治动员减弱甚至消失，科层制组织又回归到常规运行状态上以满足其纵向结构上的合法性要求。

第七章　研究总结

第一节　研究结论

本书依据科层制理论，构建了科层制纠偏机制运行的分析框架，用以修正科层制组织的局限性；对所获得的第一手调查资料进行了分析，揭示了外部环境和组织内部政治动员力量在组织纠偏形成和发展上所发挥的作用，勾画出案例教育局的"纠偏"在科层制本身局限性和固有结构张力作用下的发展轨迹。本书的经验材料具有一定的价值，通过对 L 市市域义务教育均衡化改革的实证分析，可以得出如下具体的研究结论。

一　实现市域教育均衡目标的核心——纠正科层制自身的局限性

2007 年 10 月，"优化教育结构，促进义务教育均衡发展"出现在了党的十七大报告中，它的出现吹响了各省政府全面落实义务教育均衡发展的进军号。2011 年 3 月，教育部与山东省签署了关于推进义务教育均衡发展的备忘录。随后，山东省确立威海市作为"推进市域内义务教育高位优质均衡发展"的示范市。这既是省政府对市域教育均衡改革的重视，也是省内其他地市下一步工作的标杆。作为本书案例的 L 市，更是将义务教育的工作重心由县域均衡向市域均衡进行调整。市域教育均衡改革就是在以上的政策环境背景下出现的。

面对这一场前所未有的义务教育改革，市一级的教育主管部门以"父爱主义"的态度将区教育局能办的事情转变为自身的工作目标，并根据上级意图和考核指标体系将市域内的各区划分为"优质区"与"薄弱区"，从而进行政策扶持与财政补助。然而，下级政府的真实目标与上级目标并不一致，从而阻碍了上级目标的实现。这种目标偏离状况是由科层制组织本身的局限性所决定的，包含上级权威监管的失效、有限理性以及上下级之间的信息不对称。在科层制的体制下，由于市教育局不具备相应的行政权威性，因此陷入一种"不得不为"同时又"难以作为"的教育管理困境。由此可见，科层制组织的纠偏受到外部环境的影响和制约。

不过，就在2014年的一个炎炎夏日，一份市委市政府"一把手"的批示打破了L市教育局的管理困境，为困扰着市教育局的跨区域改革方案注入了强大的外部驱动力。领导对市域教育均衡的重视为市教育局的行政权威性挣得重要的一席之地。这使得科层制组织有了从常态到非常态跨越式发展的权威。如果说国家层面明确市级政府义务教育管理的统筹权限，为市级教育主管部门的"纠偏"提供了必要基础，那么市级政府领导的重视为科层制纠偏创造了更为充分的保障条件。

二　科层制的纠偏机制——动员机制、协商机制、人情机制

外部环境一方面影响着科层制纠偏机制的产生，另一方面由于科层制组织深深地嵌入在外部环境当中，并反映在科层制的纠偏方式——政治动员与外部合作的交互作用上。以"上下级动员"为主要方式的政治动员力量推动着市教育局纠偏的发展，并与外部合作的力量产生合力，使得纠偏效果从低度逐渐向中度、高度的状态变化。值得注意的是，在这一过程中，科层制的结构分化所带来的权力结构问题，加大了科层制组织纠偏的难度，使得政治动员的方式也从正式化向着非正式化变迁。

首先，在动员机制下，以共同决策的方式弥补科层制的信息不对称。市教育局通过与企业的合作来吸纳其举办的优质民办学校，继而为区教育局、学校、企业等利益群体之间的信息共享搭建了沟通平台。市教育局向利益群体提供多种合作办学方案、办学协议的初稿也在此平台中得

以进行。带有不同背景和特征的人员被吸纳进政府沟通平台，在资源配置的过程中增加了新方案——民办名校帮扶公办学校。通过广泛征求意见、对合作办学方案进行反复研讨和论证，市教育局有效地弥补了政府组织在决策方面的有限理性。而市教育局在办学协议中监督作用的彰显，也增强了其进行市域教育均衡化改革的行政权威性。在动员机制作用下，市教育局对于实现上级目标取得了一些效果。

其次，协商机制促进了组织办事效率。在合作办学方案深入分解到校时，公办名校承担了办多所分校的政治任务，但是困扰它们的干部指数、教师编制、教师支教经历等问题无法得到既有国家政策的支持，因为已有的国家相关教师编制政策并不适应当前的现状。因此，动员机制并不能较好地解决上述问题。在这种情况下，市教育局基础教育处根据上级领导的授意，采取了"法约尔桥"（N）——直接与组织处、人事处、财务处等科层制的横向结构协商，提高了科层制组织的协作效率，实现了科层制从低度向中度的纠偏效果的转变。"法约尔桥"的出现，在很大程度上取决于科层制组织行动者的主观能动性，是基于民主协商的"特色"形式。

最后，人情机制的贡献。在合作办学协议的审核过程中，市教育局基础教育处虽然投入许多精力以"法约尔桥"（M）的方式推进各区教育局的审核进程，但是，由于区政府对区教育局在科层制纵向结构上的保护作用，削弱了横向沟通的效果，使得"法约尔桥"（M）失效。事实上，对于区教育局而言，它所面对的组织场域的制度化程度较低，上级政府尚未赋予市教育局以合法性规范来实现组织目标，因此它能够处于区政府所庇护的组织空间中，而不必对"横向沟通"做出迅速地反应。在这种情况下，组织精英迫于上级领导的硬性指令，不得不以一种非正式的人情机制，即动用私人关系对区教育局的组织精英进行劝说，诱使其理解市教育局所面对的改革现状。最终，基于人情机制的恳谈与信任，市教育局与区教育局各有所退让，促成了跨区域办学契约的签署。那么，上级目标与下级目标通过强制性的契约获得一致，实现了科层制纠偏中的高度纠偏效果。

三　科层制组织无法彻底改变其自身问题

对科层制组织无法彻底实现"纠偏"的最敏感的是科层制的外部合作者。这反映在民办学校与"薄弱区"政府之间的合作停滞上面。由于受到市场体制的调节作用，民办学校在干部任命、教师管理和选派流动教师等方面更为迅速。然而，当民办学校按照办学协议所规定的时间准备好了输出团队时，得到的答复却是："薄弱区"政府尚未出台关于老校长安排和新校长任命的文件。

可以看出，在利益群体参与完契约签署仪式后，政治动员力量就开始逐渐消退。这反映出市教育局将上级目标"先转变为形成可操作化的方案，再由区与学校执行"的科层制逻辑。但是，实践中的方案执行并非如"协议"所设想的。在这样的空间下，义务教育管理体制内的区教育局又回到按旧章办事的常规轨道上来，没有按照新章（合作办学协议）的生效时间接受民办学校派出的管理团队。它开始以等待并听从区政府的指令进行拖延，与之前纠偏出现的情境如同一辙。然而此时，没有了组织精英的非正式动员，使得市教育局权威监管的失效淋漓尽致地呈现出来。也就是说，在科层制的纠偏机制面前，科层制固有的纵向结构难以逾越。原因在于，区政府对区教育局的上下级结构，无疑意味着其在支配区教育局时占据着更为有利的地位。

另外，为了自身不失去制定战略决策的权威地位，上级政府在对下级政府完成短期的干预后，将逐渐回到等级式的 M 型组织形式上来。这符合威廉姆森所说的，如果总部持续地过度地参与下级部门的运营事务，或是把总部的规模降到最低程度，那么总部将失去制定战略决策和结构性决策的能力。①

---

① Williamson, O. E., "Administrative Decision Making and Pricing: Externality and Compensation Analysis Applied", Julius Margolis, ed., *The Analysis of Public Output*, New York: National Bureau of Economic Research, Inc., 1970: 115–135.

总而言之，新的组织管理目标，在原有的科层制下解决不了；于是，科层制以一种修正式的纠偏机制实现目标，"共同决策"、多种合作方案的选择、办学协议的提供，确实也解决了科层制自身存在的一部分问题；但是，科层制固有的关系仍然难以逾越，于是纠偏效果又有反复，导致组织管理目标的实现程度打了折扣。

以上研究结论和发现回答了本书的三个研究问题。虽然国家和省级政府的教育均衡化政策在市级政府层面得到了较好的贯彻，但由于科层制本身的局限性，市级政府关于市域教育均衡化的目标无法彻底实现。

第二节　研究贡献与政策建议

一　研究贡献

本书聚焦的是从上到下的动员与从下到上的应对在科层制"纠偏"过程中相互作用的机制研究。这是科层制基础上的一种适应中国基层教育现实的变异形式。本书试图从以下几个方面与已有学术研究对话，从而试图推进中国政府科层制运作机制的研究。

第一，本书有机结合了教育研究与组织分析，尝试拓展关于教育组织管理研究的理论视角。从梅耶和罗恩[①]的组织研究开始，关注点已不单单是组织的目标，而是转向组织的结构与程序。由于组织存在于高度复杂的制度环境之中，当遇到实际操作性的要求时，组织的结构会与实际运作相互分离。本书所讨论的科层制的"纠偏"正是组织为解决以上两方面的分歧而启动的一次尝试。企业 M 型组织形式在科层制纠偏机制下的变形，即战略层、职能层、作业层不再是上下级的关系，而是在一个相对平行的"对话"空间，也正是本书为适应组织实际运作情况所采取的组织结构。首先，战略层一直以来所形成的实现市域教育均衡目标难

①　Meyer, J. W., Rowan, Brian, "Institutionalized Organizations: Formal Structure as Myth and Ceremony", *American Journal of Sociology*, Vol. 83, No. 2, 1977: 340 – 363.

以与职能层和作业层的实际条件相匹配，导致上下级之间目标的偏离。虽然战略层汇聚了富有远见的组织精英，但是他们也会受制于的科层制组织结构，无法直接与作业层交流。其次，要短时期内解决科层制本身存在的一些问题，需要上下级之间的互相理解，而不是僵化的"上传下达"组织目标。最后，即使上下级对目标足够明确，但是通往目标的道路上面临着很多抉择冲突，例如，案例市的合作办学方案的分解到校与合作办学协议审核这两个过程。如果没有相互的反馈与协商，那将会影响科层制纠偏的实际效果。

第二，本书紧凑呈现了地方政府"运动型治理"的孕育、产生、发展、确认的真实过程。周雪光从国家治理模式视角提出一个分析框架，用以解释当代中国政治运行过程中的一系列重大现象，并将运动型"纠偏"作为中央政府解决问题的一种手段。[1] 而本书聚焦的是地方政府的"纠偏"机制，与周雪光的理论企图是有共性的，但在现实的治理实践中，二者并非完全一致。前者揭示了国家与地方关系及其应对机制间互动过程中导致了集权—放权的周期性转变节奏，而本书是把中央所赋予的权力与使命情况作为外部环境，试图解释的是在没有真正集权—放权的情况下，科层制通过政治动员、外部合作解决了自身存在的问题继而部分地实现组织目标的过程。

具体地说，各区不均衡的办学现状问题主要是由长期存在的科层制本身的局限性所决定的，但是科层制却一直没有启动"纠偏"机制。究竟在什么情况下它才得以产生与发展，本书从外部因素和内部运行两方面来回答科层制"纠偏"机制由弱向强递进（动员机制—协商机制—人情机制）、层层互动（战略层—职能层—作业层）的发展逻辑，并绘制了其大体的发展路线轨迹。而且，在以上过程中出现了很多令研究者意外的相互冲突、相互妥协的事情，具体原因在于，原有的教育管理体制没

---

① 周雪光：《权威体制与有效治理：当代中国国家治理的制度逻辑》，周雪光、刘世定、折晓叶编《国家建设与政府行为》，中国社会科学出版社 2012 年版，第 7—32 页。

有发生松动，科层制仍在"按章办事"的轨道上，市场体制下的民办教育追求的自我利益目标不可能完全服从科层制的安排等，这些都是科层制本身固有结构所引发的。因此，科层制纠偏机制的停摆可以理解为，科层制本身的组织结构对科层制的纠偏发出了"抵抗"的信号，这又引发了我们将来对"纠偏"做法弊端的探讨。

第三，本书拉响了市域教育均衡发展陷入教育管理困境的警钟。虽然中央、省级政府的政策鼓励支持市域教育均衡发展，但是也会因为科层制局限性的存在，难以了解基层工作的真实情况（"信息不对称"）、无法考虑到所有因素（"有限理性"），从而使得市一级教育行政部门由于不具备相应的行政权威性，因此陷入一种"不得不为"同时又"难以作为"的管理困境。从这个意义上可以理解：在现有的教育制度下，市域义务教育均衡改革并非那么容易操作，这是需要引起相关教育决策部门的官员、学者以及社会各界重视的敏感问题。

二　政策建议

进入 21 世纪以来，党和国家对义务教育的基本政策导向，越来越聚焦于教育公平方面。教育公平是整个社会公平正义体系的一个子系统，关系到人们对国家治理有效性的判断。而义务教育均衡发展则是促进教育公平的重要举措，有助于遏制学校之间、城乡之间、地区之间教育差距扩大的势头。过去的十几年，中国已经在均衡教育资源配置、促进教育公平上取得了不少成绩，尤其是有些地市级政府已经率先实现了县域内的义务教育均衡化，正逐步在更大的市域范围内推进。市域义务教育均衡不在于改革规模大小和层次高低，而是在于是否有适应市级政府组织统筹协调各区域的组织形式及工作机制。由此可见，本书对市域义务教育均衡改革的案例研究是一次有益的探索，具有积极的理论意义和现实意义。

首先，本书深化了关于政府运行机制研究的理论视角。从理论意义上说，基层政府实施跨区域均衡发展战略迫切需要理论支持。关于政府进行教育均衡化改革，已有许多理论的支持，包括委托—代理理论、资源依赖理论、教育公平理论、人力资本理论和公共产品及其外部性理论等。根据本书关注的焦点，核心的理论基础是科层制理论，并在实证资料基础上建立起科层制的纠偏机制。该机制透过"跨区域合作办学"的组织形式，聚焦的是科层制自身存在的问题，通过政治动员、外部合作的方式对科层制的局限性进行修正，呈现出政府组织内部、外部的互动情境。具体而言，本书以案例研究方法对市域教育不均衡办学状况下的市级教育主管部门进行"纠偏"的组织发展过程进行考察，发现了其中的组织矛盾、冲突及弥补方式，属于科层制理论在中国政府组织研究中的一次延伸，在一定程度上是利用中国国家治理的经验对科层制运行的些许补充。因此，本书也愿意被看作在实证基础上对科层制的一次反思。

其次，在研究方法上，本书以市教育局主导的教育均衡改革个案来剖析当前我国政府主导下的基层教育管理体制的问题是适宜的。由于实地研究要求研究者必须深入到研究对象中，因而笔者通过近距离地观察和描述，对事件的来龙去脉以及行动者之间的微妙关系进行体会与反思，从而提供了一项关于当前中国基层教育改革的较为生动的案例研究。

最后，从实践的角度讲，目前中国城乡、区域间教育发展差距不断拉大的趋势需要扭转。党的十八大报告将教育作为重要的"民生问题"，强调要"努力办好人民满意的教育"。教育不仅要实现国家和政府的目标，还要增进人民群众的幸福感。由于学龄人口不断减少，各级政府的教育投入持续增加，教育的供求关系和外部环境已经发生了深刻的变化，中国义务教育正在进入一个新的转折点：从有学上，到追求好的、理想的教育，本书对基层政治社会条件下的教育改革过程的解释与反思，或许对基层教育主管部门的决策者和研究人员有一些参考价值，试图为我国市域教育均衡化改革的道路提供一些思路。

在此基础之上，根据本书的研究发现，对市域教育均衡化改革提供以下三点政策建议。

第一，市级政府应充分尊重区（县）级政府的属地管理权以及企业的办学自主权。相比教育资源存量，上级政府若是对各区教育资源的增量进行均衡配置的话，运作起来会变得容易得多。为了合理配置教育资源，制定义务教育新建学校建设的基本标准、完善新进教师在市域内的分配制度。在此合理配置的基础上实行跨区域的合作办学，利用优质区的教师资源来支持和帮助发展中的新建学校。因此，对于新建学校所在的区来说，这既可以提高新学校的办学起点，又可以缩小与其他区在整体办学水平上的差距。从教育资源增量入手后，再依据教育资源存量特点，鼓励办学基础相对薄弱的学校突出学校特色。借助教育部、财政部等部门为中小学教师开展的活动，市级政府可以利用多样化渠道推广学校内涵式发展，以科学、艺术、体育为载体激发教师的工作热情和想象力，为各区属学校的特色发展注入蓬勃生机。这是新形势下遵循教育自身规律、尊重区属学校发展规律、实现科层化教育体系有序发展的要求。另外，鼓励和扶持优质民办学校的发展。由公共财政支持的公办义务教育阶段学校，应理所当然地坚持义务教育服务均等化的原则。然而，均等化也不意味着没有其他选择，家长和学生可以根据不同需求进行多样化的选择。因此，政府应该为民办教育的生存和发展创造良好的制度环境，使其成为公立教育的良好补充者。

第二，市级教育主管部门应充分动员自身独有的"胡萝卜"资源，在市域教育均衡上"做文章"要尽量避开各区资源，尽量利用可分配的资源引导区一级教育主管部门配合其工作。具体而言，一是人力资源的配置与供给方面。关于各区的新增教师编制，市教育局拥有一定灵活性的可分配权。在确定某一区所需教师编制时要充分听取和考虑其他区的意见与建议，考虑该区在市域教育改革中的表现与配合程度，以及是否取得当地居民对其教育均衡化改革的信任，将各区对其教师资源配置权的依赖转化成更大限度地配合市教育主管部门的工作动力。二是区属学校、教师的声誉保障方面。要想调动各区参与市域教育均衡发展的积极性，需要有计划地为积极投入"薄弱区"教育并且为薄弱学校教育奉献3年的区属学校（包括"薄弱校"）、校长、教师建立健全声誉制度，而不是单一的财政支持与职称晋升。这同时也是对市级教育主管部门不断提升统筹管理水平与服务能力的要求。

第三，在合作前期，办学各方之间的顺利衔接问题迫在眉睫。在尊重、引导的基础上，市教育局可以在其官网开辟专栏，公示《合作办学协议》内容，适时宣传"跨区域合作办学"的进度，促进相关学校的入学群体自发监督合作过程。如书中所指出的，科层化的教育体系不可避免地出现反复变化的情况。也就是说，合作办学协议的履行结果是不确定的，其最终发展也视具体情况而定。在合作办学协议考核时间与规则不明晰的情况下，任何一方似乎都没有被动员起来持续关注合作办学事宜。因此，市政府监督"大棒"的长期性与相关群众监督的自发性，将对市域教育统筹管理产生积极的影响。

第三节　研究不足及后续研究可能性

本书以一个市级教育行政部门为案例研究对象，对"跨区域合作办学"的教育均衡化改革过程进行研究，通过描绘科层制纠偏产生、形成与发展的过程，揭示了影响其纠偏的外部因素和内在运行机制。但是，由于观察、研究的时间与空间的范围较窄以及研究者的研究能力所限，加之研究者所处的实习生身份制约，本书所呈现的研究内容、研究结论和研究方法上仍然有一定程度的不足。

在研究内容上，从组织研究的角度来看，本书仍欠缺对案例市外部环境中上级目标对科层制纠偏机制影响的细致分析，缺乏从制度空间对上级目标进行深入探讨。而且，对科层制不同层级参与者的分析有些生硬，过多地相信教育官员的苦衷，没有看到比它更为复杂的东西。尤其是科层制"纠偏"的停摆过程的实证资料有所不足，导致无法更深入地挖掘政治动员与"纠偏"停摆之间的关系。

在研究方法上，笔者用 3 个月左右的时间所做的田野调查，对于囊括一项相对庞大而纷杂的教育改革事件的人物访谈、会议记录、政策文本等事宜是相对较短的。也就是说，对于一个史实性较强且在不断变化中的事件，笔者未对政府、学校、企业的内部复杂关系及相互作用进行学理上的透彻分析。因而，会有读者对本书的研究框架、研究结论提出疑问，这是由于研究者的学术素养所限，不得不以一种简洁的方式来把握相对复杂的现实世界。当然，笔者也不认为本书所得出的研究结论是一种最佳解释。

在研究对象上，本书将一个地处较发达地区的市级教育局作为研究对象，其典型性和代表性值得商榷。由于目光聚焦于市一级教育行政部门的微观运作情况，缺乏从宏观上审视一些关键因素，从而缺少对不断被建构的、具有动态的外部环境的分析，形成了有限的科层制组织环境。值得注意的是，对于此案例中纠偏目标未顺利达成的对象，本书并未对其背后存在的利益原因进行深入探讨，因此容易得到现有体制无法实现新的组织管理目标的研究结论，而未能对如何实现目标提出更有建设性意义的政策建议。

根据以上研究的不足，笔者接下来的研究展望包括：一是对案例市继续进行追踪调研，丰富现有的研究资料，在力所能及的范围内继续挖掘科层制组织非常态机制背后的原因；二是对现有基层政府决策体制如何更好地改革提出更为精要的政策性建议；三是对在本书科层制理论分析框架基础上的逻辑链条加以充实并延展，这也是笔者近期的努力方向。

L市教育局基础教育处J处长曾经说过一句令笔者印象深刻的话："我们要稳步推进教育改革，因为50年也不可能市域均衡了。"对于如此任重而道远的教育改革，的确是需要增加不同阶层之间、不同民众之间的了解，更加理性而有序地看待教育改革问题。另外，在各层级的互动过程中，参与者的参与程度也影响到信息资源的传播与流动，这一问题也可以借助社会网络理论及"结构洞"概念给予丰富的解释。

附录 A　政策文本和一手资料

《中华人民共和国义务教育法》（1986 年通过，2006 年修订）

《教育部关于进一步推进义务教育均衡发展的若干意见》（2005 年）

《国家中长期教育改革和发展规划纲要（2010—2020 年)》（2010 年）

《关于贯彻落实科学发展观进一步推进义务教育均衡发展的意见》
（2010 年）

《国家教育体制改革试点项目义务教育均衡发展专家指导方案》
（2011 年）

《山东省中长期教育改革和发展规划纲要（2011—2020 年)》（2010
年）

《山东省普通中小学办学条件标准化建设计划（2011—2020)》（2011
年）

《山东省教育厅等五部门关于全面改善我省贫困地区义务教育薄弱学
校基本办学条件的实施意见》（2014 年）

《L 市教育管理改革实验实施方案》〔2012〕3 号

《L 市推进区市域内义务教育均衡发展工作方案》〔2012〕12 号

《L 市中小学教育人事制度改革实验方案》〔2012〕36 号

《L 市关于开展教育体制改革试点的通知》〔2012〕140 号

《L 市基础教育扩大优质教育资源改革实验实施方案》〔2012〕56 号

《L 市教育信息化建设三年推进计划（2014—2016 年)》 〔2014〕
26 号

《L 市关于推进区市域内义务教育学校校长教师交流工作的指导意见》〔2014〕49 号

《L 市各区义务教育均衡发展情况汇总》（2014 年 5 月各区分管局长交流会稿）

《L 市加快扩大优质教育资源改革意见》（2014 年 7 月办公会汇报稿）

《L 市关于加快扩大优质教育资源改革推进义务教育优质均衡发展的指导意见（征求意见稿）》（2014 年 7 月）

《L 市教育局基础教育处上半年亮点工作及下半年工作要点》（2014 年 7 月）

《L 市教育局碰头会会议纪要》（2014 年 8 月）

B 区教育局与市实验初级中学联合办学协议

甲方：L 市 B 区教育局（以下简称甲方）
乙方：L 市实验初级中学（以下简称乙方）

　　为更好地贯彻国家、省、市中长期教育改革与发展规划纲要，加快我市教育改革与发展的步伐，充分开发、利用、共享教育资源，满足社会对优质教育资源的需求，促进区域间义务教育学校均衡发展，根据市委、市政府有关要求，经市教育局批准，B 区教育局与实验初级中学就联合办学有关事项经协商一致，达成如下协议，共同遵照执行。

　　一、学校名称：实验初级中学 B 区分校（以下简称分校）

　　二、联合办学时间：3 年（2015—2018 年）

　　三、学校选址：略。东西校区各 24 个教学班。

　　四、责任和义务

　　（一）甲方

　　1. 分校为公办学校性质，甲方按照属地管理原则，负责对分校的领导和管理，确保引进优质教育的举措落到实处，富有实效。

2. 甲方按照不低于《山东省省级规范化学校评估标准》和《L市普通中小学现代化学校建设指标体系》的标准，向学校提供正常教育投入，保障基本的办学条件到位。

3. 甲方按照规定配备教职员工。在招聘干部教师时，甲方授权乙方每年按照全国招聘1/3、区内选调1/3、新进大学生1/3的比例原则招聘和调配分校的干部、教师。

4. 甲方3年付给乙方合作办学经费300万元，其中用于乙方干部教师的职务和生活补助费用100万元，用于教师培训等活动经费200万元。拨付时间为每年的8月。期满后再续约合作办学经费增加10%。

5. 甲方负责本协议期间与合作项目有关的招生方案的制订，负责学生的学籍管理和教育教学指导等工作。

6. 甲方负责聘请相关评估部门对乙方的办学方案和中期联合办学效益进行评估。

（二）乙方

1. 乙方选派1名副校级领导任分校校长并主持学校工作，制定联合办学方案，全面负责对分校办学思想、教育理念、教育教学、校园文化等方面进行筹划指导。分校副校级领导定期到乙方挂职锻炼。

2. 乙方每年选派1名中层干部到分校挂职进行管理及教育教学指导。分校每年派出1名管理干部到乙方顶岗挂职锻炼。

3. 乙方按分校需要选派3—5名具有教学经验的骨干教师到分校任教或指导教学工作，加强分校主要学科集备组和教研组建设。分校分期分批派出新进教师、青年教师或骨干教师到乙方担任学科教师跟班培训学习。

4. 乙方负责双方中层干部定期和不定期的交流与联系，提升干部队伍建设和管理艺术，同时协助分校建立教育教学质量的监控和评价体系。

5. 乙方负责制定培训计划，定期安排分校教师到乙方听课、参与集备等活动。同时，乙方定期派遣专家、名师通过业务讲座、名师送课、听课、评课等方式提升分校老师的专业化的教育教学水平和能力。

6. 乙方定期邀请分校参加教科研活动，引领分校建立适合素质教育和课改要求的有效课堂教学模式，健全教科研制度、完善教师培训机制，创设良好的教科研氛围。

7. 乙方与分校实行教育教学活动的"五统一"，即统一参加重大教育教学活动，统一开展各学科集体备课，统一进行重要的学业检测，统一反馈学业检测质量，统一进行学业检测评价，快速提升分校的教育教学水平和质量。

8. 乙方帮助分校建立特色学校文化，并借助自身的社会影响、知名度，适当宣传、推介新校，使分校加速跨入名校之列。

五、组织保障

1. 为保障两校联合办学工作落到实处，凸显特色，确保实效，各方成立由B区教育局主要领导牵头，实验初级中学、分校及其他相关部门主要领导构成联合办学工作领导小组。

2. 为促进分校的快速发展，乙方交流到分校的主管副校长由甲方任命为校长，并享受校长职级待遇。

3. 为鼓励干部和骨干教师到分校工作的积极性，确认赴任干部和教师拥有支教经历。

4. 市教育局将组织第三方于甲乙双方联合办学初期和结束时，分别对分校办学情况进行初态评估和联合办学绩效评估，每年以以奖代补方式对乙方学校进行一定资金奖励。并在干部、教师待遇落实方面给予政策支持。

六、联合办学终止后，该学校不得继续使用"实验初级中学B区分校"名称。

七、本协议未尽事宜，可由相关各方在本协议精神基础上另行约定。相关各方的约定协议、会议纪要等与本协议具有同样约束力。

本协议自甲、乙两方签字之日起生效。

甲方公章：   乙方公章：

法人代表：   法人代表：

2014 年 8 月 28 日

C 区教体局与市实验初级中学联合办学协议

甲方：L 市 C 区教体局（以下简称甲方）

乙方：L 市实验初级中学（以下简称乙方）

为更好地贯彻国家、省、市中长期教育改革与发展规划纲要，加快我市教育改革与发展的步伐，充分开发、利用、共享教育资源，满足社会对优质教育资源的需求，促进区域间义务教育学校均衡发展，根据市委、市政府有关要求，经市教育局批准，C 区教体局与市实验初级中学就联合办学有关事项经协商一致，达成如下协议，共同遵照执行。

一、学校名称：市实验初级中学 C 区分校（以下简称分校）

二、联合办学时间：3 年（2016 年 9 月 1 日—2019 年 8 月 31 日）

三、学校选址：麦坡社区，学校规模 36 个教学班。

四、责任和义务

（一）甲方

1. 分校为公办学校性质，甲方按照属地管理原则，负责对分校的领导和管理，确保引进优质教育的举措落到实处，富有实效。

2. 甲方按照不低于《山东省省级规范化学校评估标准》和《L 市普通中小学现代化学校建设指标体系》的标准，向学校提供正常教育投入，保障基本的办学条件到位。

3. 甲方按照规定配备教职员工。在招聘干部教师时，甲方授权乙方每年按照全国招聘 1/3、区内选调 1/3、新进大学生 1/3 的比例原则招聘和调配分校的干部、教师。

4. 甲方根据分校实际需求给予经费支持，确保联合办学的各项工作顺利开展。

5. 甲方负责本协议期间与合作项目有关的招生方案的制订，负责学生的学籍管理和教育教学指导等工作。

6. 甲方负责聘请相关评估部门对乙方的办学方案和中期联合办学效益进行评估。

（二）乙方

1. 乙方选派 1 名副校级领导任分校校长并主持学校工作，制定联合办学方案，全面负责对分校办学思想、教育理念、教育教学、校园文化等方面进行筹划指导。分校副校级领导定期到乙方挂职锻炼。

2. 乙方每年选派 1 名中层干部到分校挂职进行管理及教育教学指导。分校每年派出 1 名管理干部到乙方顶岗挂职锻炼。

3. 乙方按分校需要选派 3—5 名具有教学经验的骨干教师到分校任教或指导教学工作，加强分校主要学科集备组和教研组建设。分校分期分批派出新进教师、青年教师或骨干教师到乙方担任学科教师跟班培训学习。

4. 乙方负责双方中层干部定期和不定期的交流与联系，提升干部队伍建设和管理艺术，同时协助分校建立教育教学质量的监控和评价体系。

5. 乙方负责制定培训计划，定期安排分校教师到乙方听课、参与集备等活动。同时，乙方定期派遣专家、名师通过业务讲座、名师送课、听课、评课等方式提升分校老师的专业化的教育教学水平和能力。

6. 乙方定期邀请分校参加教科研活动，引领分校建立适合素质教育和课改要求的有效课堂教学模式，健全教科研制度、完善教师培训机制，创设良好的教科研氛围。

7. 乙方与分校实行教育教学活动的"五统一"，即统一参加重大教育教学活动，统一开展各学科集体备课，统一进行重要的学业检测，统一反馈学业检测质量，统一进行学业检测评价，快速提升分校的教育教学水平和质量。

8. 乙方帮助分校建立特色学校文化，并借助自身的社会影响、知名度，适当宣传、推介新校，使分校加速跨入名校之列。

五、组织保障

1. 为保障两校联合办学工作落到实处，凸显特色，确保实效，各方成立由 C 区教体局主要领导牵头，实验初级中学、分校及其他相关部门主要领导构成联合办学工作领导小组。

2. 为促进分校的快速发展，乙方交流到分校的主管副校长由甲方任命为校长，并享受校长职级待遇。

3. 为鼓励干部和骨干教师到分校工作的积极性，确认赴任干部和教师拥有支教经历。

4. 市教育局将组织第三方于甲乙双方联合办学初期和结束时，分别对分校办学情况进行初态评估和联合办学绩效评估，每年以以奖代补方式对乙方学校进行一定资金奖励。并在干部、教师待遇落实方面给予政策支持。

六、联合办学终止后，该学校不得继续使用"实验初级中学 C 区分校"名称。

七、本协议未尽事宜，可由相关各方在本协议精神基础上另行约定。相关各方的约定协议、会议纪要等与本协议具有同样约束力。

本协议自甲、乙两方签字之日起生效。

甲方公章：　　　　　　　　乙方公章：

法人代表：　　　　　　　　法人代表：

2014 年 8 月 28 日

D 区教体局与市实验初级中学联合办学协议

甲方：L 市 D 区教体局（以下简称甲方）

乙方：L 市实验初级中学（以下简称乙方）

　　为更好地贯彻国家、省、市中长期教育改革与发展规划纲要，加快我市教育改革与发展的步伐，充分开发、利用、共享教育资源，满足社会对优质教育资源的需求，促进区域间义务教育学校均衡发展，根据市委、市政府有关要求，经市教育局批准，D 区教体局与实验初级中学就联合办学有关事项经协商一致，达成如下协议，共同遵照执行。

　　一、学校名称：实验初级中学 D 区分校（以下简称分校）

　　二、联合办学时间：3 年（2016 年 9 月 1 日—2019 年 8 月 31 日）

　　三、学校选址：（略），学校规模 24 个教学班。

　　四、责任和义务

　　（一）甲方

　　1. 分校为公办学校性质，甲方按照属地管理原则，负责对分校的领导和管理，确保引进优质教育的举措落到实处，富有实效。

　　2. 甲方按照不低于《山东省省级规范化学校评估标准》和《L 市普通中小学现代化学校建设指标体系》的标准，向学校提供正常教育投入，保障基本的办学条件到位。

　　3. 甲方按照规定配备教职员工。在招聘干部教师时，甲方授权乙方每年按照全国招聘 1/3、区内选调 1/3、新进大学生 1/3 的比例原则招聘和调配分校的干部、教师。

　　4. 甲方根据分校实际需求给予经费支持，确保联合办学的各项工作顺利开展。

　　5. 甲方负责本协议期间与合作项目有关的招生方案的制订，负责学生的学籍管理和教育教学指导等工作。

6. 甲方负责聘请相关评估部门对乙方的办学方案和中期联合办学效益进行评估。

（二）乙方

1. 乙方选派 1 名副校级领导任分校校长并主持学校工作，制定联合办学方案，全面负责对分校办学思想、教育理念、教育教学、校园文化等方面进行筹划指导。分校副校级领导定期到乙方挂职锻炼。

2. 乙方每年选派 1 名中层干部到分校挂职进行管理及教育教学指导。分校每年派出 1 名管理干部到乙方顶岗挂职锻炼。

3. 乙方按分校需要选派 3—5 名具有教学经验的骨干教师到分校任教或指导教学工作，加强分校主要学科集备组和教研组建设。分校分期分批派出新进教师、青年教师或骨干教师到乙方担任学科教师跟班培训学习。

4. 乙方负责双方中层干部定期和不定期的交流与联系，提升干部队伍建设和管理艺术，同时协助分校建立教育教学质量的监控和评价体系。

5. 乙方负责制定培训计划，定期安排分校教师到乙方听课、参与集备等活动。同时，乙方定期派遣专家、名师通过业务讲座、名师送课、听课、评课等方式提升分校老师的专业化的教育教学水平和能力。

6. 乙方定期邀请分校参加教科研活动，引领分校建立适合素质教育和课改要求的有效课堂教学模式，健全教科研制度、完善教师培训机制，创设良好的教科研氛围。

7. 乙方与分校实行教育教学活动的"五统一"，即统一参加重大教育教学活动，统一开展各学科集体备课，统一进行重要的学业检测，统一反馈学业检测质量，统一进行学业检测评价，快速提升分校的教育教学水平和质量。

8. 乙方帮助分校建立特色学校文化，并借助自身的社会影响、知名度，适当宣传、推介新校，使分校加速跨入名校之列。

五、组织保障

1. 为保障两校联合办学工作落到实处，凸显特色，确保实效，成立由 D 区教体局主要领导牵头，实验初级中学、分校及其他相关部门主要领导构成联合办学工作领导小组。

2. 为促进分校的快速发展，乙方交流到分校的主管副校长由甲方任命为校长，并享受校长职级待遇。

3. 为鼓励干部和骨干教师到分校工作的积极性，确认赴任干部和教师拥有支教经历。

4. 市教育局将组织第三方于甲乙双方联合办学初期和结束时，分别对分校办学情况进行初态评估和联合办学绩效评估，每年以以奖代补方式对乙方学校进行一定资金奖励。并在干部、教师待遇落实方面给予政策支持。

六、联合办学终止后，该学校不得继续使用"实验初级中学 D 区分校"名称。

七、本协议未尽事宜，可由相关各方在本协议精神基础上另行约定。相关各方的约定协议、会议纪要等与本协议具有同样约束力。

本协议自甲、乙两方签字之日起生效。

甲方公章：   乙方公章：

法人代表：   法人代表：

2014 年 8 月 28 日

C 区教育体育局与华青公司联合办学协议

甲方：L 市 C 区教育体育局（以下简称甲方）
乙方：华青教育投资有限公司（以下简称乙方）

为更好地贯彻国家、省、市中长期教育改革与发展规划纲要，加快我市教育改革与发展的步伐，充分开发、利用、共享教育资源，满足社会对优质教育资源的需求，促进区域间义务教育学校均衡发展，根据市委、市政府有关要求，经市教育局批准，C 区教育体育局与华青教育投资有限公司就三十一中学和 D 中学联合办学有关事项经协商一致，达成如下协议，共同遵照执行。

一、学校名称：三十一中学

二、联合办学时间：3 年（2014 年 9 月 1 日—2017 年 8 月 31 日）。

三、责任和义务

（一）甲方：

1. 分校为公办学校性质，甲方按照属地管理原则，负责对三十一中学的领导和管理，确保引进优质教育的举措落到实处，富有实效。同时负责新建学校招生政策的制定。

2. 甲方保证三十一中学的正常教育投入，按照规定配备教职员工。

3. 甲方在招聘干部教师时，授权乙方参与三十一中学干部、教师的招聘和考核工作。

4. 甲方根据分校实际需求给予经费支持，确保联合办学的各项工作顺利开展。

5. 甲方负责聘请相关评估部门对乙方的办学方案和中期联合办学效益进行评估。

（二）乙方：

1. 乙方选派 1 名副校级领导任三十一中学校长并主持学校工作，制定联合办学方案，全面负责对三十一中学办学思想、教育理念、教育教学、校园文化等方面进行筹划指导。其余领导班子成员由甲方选聘或选派。甲方选聘的副校级领导同时到乙方挂职锻炼。

2. 乙方每年选派 1 名中层干部到三十一中学挂职进行管理及教育教学指导。三十一中学每年派出 1 名管理干部到乙方顶岗挂职锻炼。

3. 乙方按三十一中学需要选派 3—5 名具有教学经验的骨干教师到三十一中学任教或指导教学工作，加强三十一中学主要学科集备组和教研组建设。三十一中学轮流派出新进教师、青年教师或骨干教师到乙方担任学科教师跟班培训学习。

4. 乙方负责双方中层干部定期和不定期地通过多种方式加强交流、联系，提升干部队伍建设和管理艺术，同时协助三十一中学建立教育教学质量的监控和评价体系。

5. 乙方负责制定培训计划，定期安排三十一中学教师到乙方听课、参与集备等活动，同时，乙方定期派遣专家、名师通过业务讲座、名师送课、听课、评课等方式提升三十一中学老师的专业化的教育教学水平和能力。

6. 乙方定期邀请三十一中学参加教科研活动，引领三十一中学建立适合素质教育和课改要求的有效课堂教学模式，健全教科研制度、完善教师培训机制，创设良好的教科研氛围。

7. 乙方与三十一中学将实行教育教学活动的"五统一"，即重大教育教学活动两校统一参加，各学科集体备课统一开展，重要的学业检测统一进行，学业检测统一反馈。学业检测评价统一进行，快速提升分校的教育教学水平和质量。

8. 乙方帮助三十一中学建立特色学校文化，并借助自身的社会影响、知名度、适当宣传、推介新校，使三十一中学加速跨入名校之列。

四、组织保障

1. 为保障两校联合办学工作落到实处，凸显特色，确保实效，各方成立由 C 区教育体育局主要领导牵头，D 中学、三十一中学及其他相关部门主要领导构成联合办学工作领导小组。

2. 为促进三十一中学的快速发展，乙方交流到三十一中学的主管副校长应按照管理权限由甲方组织部门以文件形式任命为校长，并享受校长职级待遇。

3. 为鼓励干部和骨干教师到分校工作的积极性，确认赴任干部和教师拥有支教经历。

4. 市教育局将组织第三方于甲乙双方联合办学初期和结束时，分别对三十一中学办学情况进行初态评估和联合办学绩效评估，并以以奖代补方式对乙方学校进行一定资金奖励。

五、本协议未尽事宜，可由相关各方在本协议精神基础上另行约定。相关各方的约定协议、会议纪要等与本协议具有同样约束力。

本协议自甲、乙两方签字之日起生效。

甲方公章：　　　　　　　乙方公章：

法人代表：　　　　　　　法人代表：

2014 年 8 月 28 日

C 区教育体育局与 A 区教育局合作办学协议

甲方：L 市 C 区教育体育局（以下简称甲方）

乙方：L 市 A 区教育局（以下简称乙方）

为更好地贯彻国家、省、市中长期教育改革与发展规划纲要，加快我市教育改革与发展的步伐，充分开发、利用、共享教育资源，满足社会对优质教育资源的需求，促进区域间义务教育学校均衡发展，根据市委、市政府有关要求，经市教育局批准，C 区教育体育局与 A 区教育局就合作办学有关事项经协商一致，达成如下协议，共同遵照执行。

一、学校名称：广水路小学

二、合作办学时间：3 年（2016 年 9 月 1 日—2019 年 8 月 31 日）。

三、责任和义务

（一）甲方：

1. 甲方按照属地管理原则，负责对广水路小学的领导和管理，确保引进优质教育的举措落到实处，富有实效。同时负责学校招生政策的制定。

2. 甲方保证广水路小学的正常教育投入，按照规定配备教职员工。

3. 甲方在招聘干部教师时，授权乙方所属市实验小学参与广水路小学干部、教师的招聘和考核工作。

4. 甲方根据合作办学实际需求给予经费支持，确保办学的各项工作顺利开展。

（二）乙方：

1. 乙方委托市实验小学具体负责与广水路小学进行合作办学，通过项目合作和团队合作两种形式开展工作。甲乙双方共聘专家组对广水路小学的办学情况进行合作前评估、过程跟进及终结性评估，通过提升度和对比度来评定合作办学效果。

2. 乙方委托市实验小学选派 1 名干部帮助广水路小学工作，制定合作办学方案，具体负责学校某个项目，协调实施，并督促项目完成。广水路小学每年派出 1 名管理干部到乙方顶岗挂职锻炼。

3. 乙方按广水路小学需要选派市实验小学 2—3 名具有教学经验的骨干教师到广水路小学任教或指导教学工作，加强广水路小学主要学科集备组和教研组建设。广水路小学派出对应学科骨干教师到乙方所属市实验小学担任学科教师跟班培训学习。

4. 乙方所属市实验小学负责双方干部定期和不定期的通过多种方式加强培训交流、联系，提升广水路小学干部队伍建设和管理艺术。

5. 乙方委托市实验小学根据广水路小学需求帮助制定教师培训计划，定期安排广水路小学教师到市实验小学听课、参与集备等各类培训活动，同时，乙方定期派遣专家、名师通过业务讲座、名师送课、听课、评课等方式提升广水路小学老师的专业化的教育教学水平和能力。

6. 乙方委托市实验小学定期邀请广水路小学参加教科研活动，帮助健全教科研制度，提升干部教师能力。

7. 乙方所属市实验小学与广水路小学将实行教育教学活动的"五统一"，即重大教育教学活动两校统一参加，各学科集体备课统一开展，重要的学业检测统一进行，学业检测统一反馈。学业检测评价统一进行，帮助广水路小学提升教育教学质量。

四、组织保障

1. 为保障两校合作办学工作落到实处，凸显特色，确保实效，各方成立由 A 区教育局和 C 区教育体育局主要领导牵头，市实验小学、广水路小学及其他相关部门主要领导构成合作办学工作领导小组。

2. 为鼓励干部和骨干教师到广水路小学工作的积极性，确认赴任干部和教师拥有支教经历。

3. 市教育局将组织第三方于甲乙双方合作办学初期和结束时，分别对广水路小学办学情况进行初期评估和合作办学绩效评估，并以以奖代补方式对乙方所属学校进行一定资金奖励。

五、本协议未尽事宜，可由相关各方在本协议精神基础上另行约定。相关各方的约定协议、会议纪要等与本协议具有同样约束力。

本协议自甲、乙两方签字之日起生效。

（略）

M 校长在合作办学签约仪式上的
发言稿（录音整理）

（2014 年 8 月 28 日）

各位领导、各位同仁：

今天我们在这里隆重举行市优质中小学跨区域合作办学签约仪式，标志着我市在落实《进一步扩大优质教育资源的指导意见》，加快办学模式改革，推进义务教育优质均衡发展方面迈出了关键性的步伐，具有十分重要的意义。

首先，这是落实党的十八届三中全会"深化教育领域综合改革"精神，加快我市教育改革与发展的步伐的要求。其次，充分开发、利用、共享教育资源，促进区域间义务教育学校均衡发展，是办全市人民满意教育的要求。同时，发挥优质学校的资源优势和品牌效应，促进共同发展，也是教育改革发展赋予我们每一个教育工作者的时代使命。

在合作办学过程中，作为参与合作的学校，我们将积极履行职责，创造性地开展工作。

第一，在学校品牌打造方面，对分校办学思想、教育理念、教育教学、校园文化等方面进行筹划指导，帮助分校建立特色学校文化，并借助自身的社会影响、知名度，适当宣传、推介新校，使分校尽快跨入名校行列。

第二，在干部安排锻炼方面，选派优秀校级干部主持分校工作，并选派中层干部到分校挂职进行管理。同时，定期安排分校校级领导和管理干部到校本部挂职锻炼，组织双方中层干部加强交流与联系，提升干部队伍建设和管理艺术。

第三，在教师队伍建设方面，选派骨干教师到分校任教，加强主要学科集备组和教研组建设。安排分校青年教师和骨干教师到校本部担任学科教师跟班培训学习。通过业务讲座、名师送课等方式提升分校老师的教育教学水平和能力。

第四，在教育教学提升方面，做到统一规划重大教育教学活动，统一开展教师培训，统一组织各学科集体备课，统一推进课程实施与评价，统一进行重要的学业检测与反馈，尽快提升分校的教育教学质量。

作为合作办学的首批参与者，我们既面对难得的机遇，也面临巨大的挑战。我们希望在合作办学过程中得到上级部门在政策上的有力扶持和监督，也期待得到合作各区在人员、经费和管理等方面的切实支持，做到合作共赢。

我们坚信，在市委、市政府和市教育局正确领导下，在全市教育工作者共同努力下，通过实施优质带动，促进共同发展，建设好人民群众家门口的每一所学校的目标必将更快实现。

谢谢大家。

市教育局直属学校××学年度绩效考核办法

（征求意见稿）

为深化校长职级制改革，构建现代学校制度，积极推进学校自主办学、教育家办学，根据市教育局等5部门《关于推行中小学校长职级制改革的意见》《市事业单位绩效考核办法（试行）》，制定本办法。

一、考核原则

1. 树立导向，促进发展。注重工作实绩，充分发挥考核的引导、激励和约束作用，促进学校干事创业、进位争先。

2. 围绕中心，突出重点。围绕推进全市教育改革，每年对考核内容实行动态调整，突出重点工作和薄弱环节，强化工作部署的推进落实。

3. 群众公认，体现民意。拓宽群众参与渠道，突出社会公众和一线师生的评价，引导学校进一步体察民情、尊重民意，推进开门办学。

4. 客观公正，简便易行。注重可比性、可行性和科学性，突出量化考核。简化考核方式，避免重复考核、多头考核，减轻学校负担。

二、考核内容

考核内容包括教育教学、组织管理、改革创新、民主评议四个方面及减分项。实行千分制考核。其中，教育教学400分，组织管理230分，改革创新120分，民主评议250分。重大问题作为减分项。考核内容起止时间为8月1日至次年7月31日。

三、考核方式

考核采用日常考核和集中考核相结合、定性考核和量化考核相结合、内部考核和外部评价相结合的方式进行。考核方式主要有以下四种。

1. 集中考核。对部分考核指标，考核组到学校采用现场考察、座谈交流、问卷测评等方式开展实地集中考核，一般于每年9—10月统一组织。

2. 日常考核。对部分考核指标，由局相关责任处室结合日常工作，按考核要求审核提供有关数据，考核结果适时及时公布，原则上不再到学校单独组织考核。

3. 评审评议考核。对部分考核指标，由局相关责任处室结合学校提报的有关材料或报告，组织有关人员进行评审或评议。其中，对学校改革创新目标的考核采用专家评审的方式进行，家长评价考核采用委托社会第三方评议方式进行。

4. 减分考核。学校发生重大问题为减分项目，在遵纪守法、廉政建设、课程实施、有偿家教、学校管理、学校安全、计划生育等某一方面发生重大问题的，在综合得分中减100分；问题特别严重造成恶劣社会影响的，在综合得分中减200分，并实行一票否决。减分项目由职能处室严格审核，提出意见。

四、考核结果确定及使用

1. 考核结果依据同级同类学校综合得分分别排序确定，分为优秀、合格、不合格三个等次。其中优秀等次一般不超过学校总数量的30%。对未进入优秀等次，但总排名较上年度提升2个位次的学校，授予进位争先奖。

2. 考核结果由局长办公会研究确定并在一定范围内公示，公示期7天。公示期无异议后正式行文公布。

3. 考核结果作为学校绩效工资总额核定、干部提拔使用和评先树优、校长职级认定的重要依据。对考核优秀的学校，在核定绩效工资总量时可按一定比例上浮。将考核结果与校长、书记的个人考核挂钩，学校考核结果为优秀等次的，校长、书记的个人考核也为优秀等次，以此类推。对考核不合格的学校以及个人，由局党委对有关人员组织诫勉谈话。

附件：

市直学校××学年度绩效考核指标体系

市直学校××××学年度绩效考核指标体系
（征求意见稿）

类　别		指标名称	权重	考核方式
A－1 教育教学 （400）	1	学生身心发展	160（120）	日常考核
	2	课程领导与学业水平考试（普通）	140	集中考核
		专业建设与教学质量（职业）	180	日常考核
	3	教师队伍建设	100	集中考核
A－2 组织管理 （230）	4	校园安全	100	日常考核 集中考核
	5	现代学校制度建设及执行	40	
	6	党建及反腐倡廉	40	
	7	教育新闻宣传	25	集中考核
	8	预算资金执行情况	25	日常考核
A－3 改革创新 （120）	9	学校改革与创新（可报1－2项）	120	集中评审
A－4 民主评议 （250）	10	教职工、家长及学生评价	250	集中评议
减分项目		在遵纪守法、廉政建设、课程实施、有偿家教、学校管理、学校安全、计划生育等某一方面发生重大问题的，在综合得分中减100分；问题特别严重造成恶劣社会影响的，在综合得分中减200分，并实行一票否决。减分项目由职能处室严格审核，提出意见		

L 市各区市义务教育学校布局规划汇总表

（2013—2020 年）

区、市	新建学校数（所）		迁建学校数（所）		改扩建学校数（所）	
	2013—2015	2016—2020	2013—2015	2016—2020	2013—2015	2016—2020
A 区	6	5			1	
B 区	6	9		1	6	
C 区	13	11			4	1
D 区	3	5	3		2	3
E 区	5	9	5		5	
F 市	17	23			5	10
G 市	5	5			22	
H 市	5	8	2		5	
I 市	2	2	9		4	
J 区	9	23			12	6
K 区	12	35	9	9	9	13
M 区	4	24			1	

附录 B　访谈提纲

政府官员访谈提纲

受访者信息

单位＿＿＿＿＿＿＿　姓名＿＿＿＿＿　性别＿＿＿＿＿

职务＿＿＿＿＿　任职时间＿＿＿＿＿　访问时间＿＿＿＿＿

访问地点＿＿＿＿＿

一、市域教育均衡化改革背景

1. 2010 年以来，本市政府对义务教育的重大政策制定、实施情况是怎样的？全市预算内教育经费投入增长情况是怎样的？

2. 根据《国家中长期教育改革和发展规划纲要（2010—2020）》的要求，本市义务教育 2015 年、2020 年的主要目标有哪些？

3. 全市义务教育阶段学校的整体分布情况、各区教育资源存量情况如何？

4. 全市中小学教师的平均工资、绩效工资情况如何？

5. 全市中小学学校在选人用人、资源配置等方面的自主权力如何？

二、教育改革政策制定前期

6. 中央、省级政府对义务教育均衡化所提供的政策环境怎样？对市域教育均衡化的态度如何？

7. 您所负责的部门与区教育局之间的沟通机制是怎样的？分配到区

的任务完成进度如何？

8. 市教育局与局属学校、区属学校的联系是怎样的？有何区别？

9. 与企业及其举办民办学校之间的关系是怎样的？什么情况下会到民办学校考察？在日常工作中，与企业联系的渠道是怎样的？

10. 与山东省内其他地市的教育均衡化改革相比，本次改革突出的特点体现在哪些方面？

三、教育改革政策制定时期

11. 市政府对教育均衡化改革的行政支持力度如何？这一时期都有哪些组织机构（市教育局之外）加入？

12. 在与各区教育局的沟通协调过程中，遇到了哪些问题？如何进行解决的？

13. 政府将优质民办学校吸纳进来帮扶公办学校，改革初衷是什么？如何与企业沟通的？

14. 教师跨区域流动的实施细节是什么？配套的补贴资金用于哪些方面？

15. 为什么选择与市实验中学来办 3 所分校？总校校长涉及分校管理的哪些方面？不涉及哪些方面？

16. 58 中是高中学校，62 中是初中学校，对于这样跨学段的合作办学的考虑是什么？

17. 市教育局在组织各单位确认《合作办学协议》的过程中，遇到了哪些困难？是如何进行解决的？

18. 市域教育均衡化的合作方案在任务分解的过程中是否发生了变化？如果有，原因是什么？其中没有变化的内容又是什么？

19. 您对现在的协议书内容有何意见和建议？

四、教育改革政治制定完成后

20. 两个区的教育局所签署的协议书，对于今后学校开展工作有哪些有利方面和不利方面？

21. 在 3 年的合作办学周期内，市教育局的监督和评估工作将会怎样进行？

22. 市教育局承诺的财政扶助，将以何种形式发放给输出优质教育资源的学校？是奖励的形式吗？给局属学校和区属学校的拨款方式有何区别？

校长访谈提纲（公办学校）

受访者信息

学校＿＿＿＿＿＿＿　姓名＿＿＿＿＿　性别＿＿＿＿＿

职务＿＿＿＿＿　任职时间＿＿＿＿＿　访问时间＿＿＿＿＿

访问地点＿＿＿＿＿

一、个人背景

1. 您何时进入贵校工作？最初担任的职务和负责的业务是什么？

2. 您进入贵校工作之前有什么样的教育背景以及工作经历？

二、学校基本情况

3. 学校发展历史及现状、2010—2014 年学校发展规划文本（电子版亦可）。

4. 学校具有特级教师、市级教学能手等优秀称号的教师数量是多少？

5. 学校师资队伍的配备和引进程序是大体是怎样的？

6. 2010 年以来学校里参加过支教、流动的教师名单。

7. 上述支教教师名单是如何确定的？学校对教师在支教期间的工作和生活是如何管理的？

8. 市、区两级教育局每年给予的教师支教的补贴有哪些？具体数额。

9. 2010 年以来，市政府对学校重大项目的财政扶持、奖励情况如何？一般是采取什么形式进行拨款？

10. 学校与市教育局之间的关系如何？校级干部去市教育局开会的频率是多少？在何种情况下会要求"一把手"校长到场？

11. 市教育局对学校校级领导干部的考核评价制度是怎样的？

三、政策制定内容

12. 市教育局召集或动员了哪些人员参与讨论政策内容？参与人员如何评价这一政策？

13. 您对教育均衡化政策的了解情况，信息的来源是什么？

14. 您认为教师流动的成本包含哪些方面？参与流动的教师人选将会如何确定？召开会议的与会人员构成情况如何？

15. 学校参与该政策的动机是什么？

16. 学校遇到的问题和挑战有什么？仍然需要的支持（行政、财政等）有哪些？

17. 您如何看待教育均衡化政策的持续性问题？

四、针对"跨区域合作办学"

18. 您认为市教育局选择贵校跨区域办（一所、两所或三所）分校，原因是什么？市教育局提前有和学校商议过办分校的数量吗？

19. 面对跨区域发挥优质教育资源作用的重任，学校办分校的基本思路是怎样的？

20. 学校对于派出 1 名副校长、1 名中层干部、3—5 名骨干教师的方案，有困难吗？如果有的话，计划如何解决呢？

21. 挑战的背后有机遇和风险，办分校对贵校的发展会产生怎样的影响？

22. 您如何看待优质的民办学校帮扶公办学校的合作方案？

校长访谈提纲（民办学校）

受访者信息

学校＿＿＿＿＿＿＿　姓名＿＿＿＿＿　性别＿＿＿＿＿

职务＿＿＿＿＿　任职时间＿＿＿＿＿　访问时间＿＿＿＿＿

访问地点＿＿＿＿＿

一、个人背景

1. 何时进入贵校工作？最初担任的职务和负责的业务是什么？

2. 进入贵校工作之前有什么样的教育背景和工作经历？是什么样的机遇让您决定到民办学校就职？

3. 您如何看待民办学校在提供教育服务方面的作用？

二、学校基本情况

4. 学校发展历史及现状。2010—2014年学校发展规划文本（电子版亦可）。

5. 学校师资队伍的配备和引进程序是怎样的？企业及董事会在这一过程中发挥了哪些作用？

6. 生源情况如何？学生在全市各个区的分布情况。

7. 学校的中考升学率情况如何？每年市教育局分配给学校的优质高中的指标生数量大概有多少？

8. 学校与市教育局之间的关系如何？在学校发展方面，市教育局重点关注哪些问题？

9. 学校与所在社区的联系如何？

10. 民办教师的待遇与公办教师有哪些差异？

11. 学校董事会对校长和教师的管理、考核、提拔方面有哪些规定？

三、政策制定内容

12. 市教育局召集或动员了贵校哪些人员参与讨论政策内容？参与人员如何评价这一政策？

13. 您对教育均衡化政策的了解情况，信息的来源是什么？

14. 您认为市教育局选择华青教育投资公司旗下民办学校参与公办学校建设，原因是什么？

15. 民办学校参与公共教育政策的动机是什么？

16. 面对跨区域发挥优质教育资源作用的重任，学校将如何将合作办学落实到实处，让学生满意，家长满意，社会满意呢？

17. 挑战的背后有机遇和风险，合作办学对贵校乃至整个华青教育投资公司的发展会产生怎样的影响？

18. 您是如何看待教育均衡化政策的持续性问题呢？

流动教师访谈提纲

受访者信息

学校_____ 姓名_____ 性别_____

职务_____ 访问时间_____ 访问地点_____

一、基本情况（本人、学校）

1. 请介绍下您的教育背景和从教经历情况。

2. 请介绍下您目前的授课情况及与学生的互动程度。

3. 最近五年以来，贵校进行了哪些方面与您息息相关的教育改革？您是如何适应这些变化的？这些改革对您和学生产生了哪些影响？

4. 学校在进行教育改革之前，主要通过哪些方式与师生进行沟通，从而了解师生们的意见？

5. 根据您的体会，学校现有的师资质量和数量是否能够满足学生的需求？

6. 近年来，您和您身边的老师有参与过支教、教师流动吗？您了解有关支教与职称挂钩的政策吗？

7. 学校一般是怎样确定参与教师流动的人员名单？

二、针对"跨区域合作办学"

8. 您了解"教育均衡化"政策吗？您认为市域城区之间的教育不均衡的表现有哪些？

9. 教师在不同区域之间进行流动，主要的困难在哪儿？请谈谈感受。

10. 您是如何被确定为本次教师流动的人选？您的家庭成员的看法如何？

11. 学校给予的工资、福利以及流动回来后的职位等相关保障情况如何？

12. 委派您流动到其他区的学校，您心理预期的新工作环境是什么样的？打算如何适应呢？

企业负责人访谈提纲

受访者信息

学校＿＿＿＿＿＿＿＿　姓名＿＿＿＿＿＿　性别＿＿＿＿＿

职务＿＿＿＿＿　访问时间＿＿＿＿＿　访问地点＿＿＿＿＿

一、企业及其办学的基本情况

1. 最近 3 年，贵公司在本市的民办幼儿园、小学、中学各有哪些？有正在建设中的新建学校项目吗？

2. 教师的引进、招聘流程是怎样的？是否需要与教育主管部门联系？

3. 最近 3 年，贵公司的重大教育决策是产生流程是怎样的？

4. 近 3 年以来，贵公司为本市的教育发展做了哪些努力？比如，提出的建议和提供的帮助，与其他同类型的企业相比呢？

5. 贵公司和市、区两级教育部门的关系如何？共同举办过什么活动（或会议）？有何经验？

6. 市教育局每年对民办学校的年检情况是怎样的？有无整改意见和发展建议？

7. 2012 年起，L 市设立了民办教育发展专项资金，贵公司旗下的学校有获得相关奖励吗？

8. 目前，民办教师事业保险待遇情况是怎样的？

二、针对"跨区域合作办学"

9. 市教育局是在何时何地提出希望企业参与到本次"跨区域合作办学"的改革中？

10. 企业是如何做出愿意参与改革的决定？出于哪些方面的考虑？

11. 企业是否与学校校长等负责人交流过相关事宜？

12. 您认为企业所属的民办学校在市域教育均衡化改革中扮演了什么角色？

13. 企业针对本次改革将进行哪些教育投入？投入的标准是什么？

14. 企业对派出的校长、教师团队给予哪些保障？

15. 帮扶公办学校将会给民办学校带来哪些好处和挑战？

16. 民办学校优质服务品牌如何建立起来的？市、区两级政府起到了哪些作用？

附录 C　访谈人物列表

序号	时间	人物	类型	编码
1	2013/12/2	市教育局基础教育处副处长	市行政人员	SXZGYX1202
2	2013/12/3	B 区某小学教师	教师	JSJJ1203
3	2013/12/3	D 区某小学教师	教师	JSWS1203
4	2014/7/13	市教育局基础教育处副处长	市行政人员	SXZGYX0713（2）
5	2014/7/25	市教育局基础教育处处长秘书	市行政人员	SXZCT0725
6	2014/8/1	市教育局基础教育处办公室主任	市行政人员	SXZJT0801
7	2014/8/4	市教育局团委副书记	市行政人员	SXZWLM0804
8	2014/8/6	市教育局副局长	市行政人员	SXZZMS0806
9	2014/8/6	市教育局基础教育处科长	市行政人员	SXZCXT0806
10	2014/8/13	市教育局基础教育处处长	市行政人员	SXZJYS0813
11	2014/8/13	市教育局副局长	市行政人员	SXZZMS0813（2）
12	2014/8/13	市教育局基础教育处办公室主任	市行政人员	SXZJT08013（2）
13	2014/8/13	市实验中学校长	校长	XZML0813
14	2014/8/13	39 中校长	校长	XZBGX0813
15	2014/8/13	D 校校长	校长	XZZFY0813
16	2014/8/15	市教育局基础教育处副处长	市行政人员	SXZGYX0815（3）
17	2014/8/15	市教育局基础教育处处长秘书	市行政人员	SXZCT0815（2）
18	2014/8/19	市教育局副局长	市行政人员	SXZZMS0819（3）
19	2014/8/28	市教育局局长	市行政人员	SXZDYF0828
20	2014/8/6	B 区教育局基础教育科科长	区行政人员	QXZZY0806
21	2014/8/6	B 区教育局副局长	区行政人员	QXZZYY0806
22	2014/8/13	A 区教育局副局长	区行政人员	QXZWH0813

序号	时间	人物	类型	编码
23	2014/8/13	C 区教育局副局长	区行政人员	QXZSLH0813
24	2014/8/19	C 区教育局副局长	区行政人员	QXZSLH0819（2）
25	2014/9/2	B 区教育局副局长	区行政人员	QXZZYY0902（2）
26	2014/9/1	市实验中学校长	校长	XZML0901（2）
27	2014/9/1	市实验小学校长	校长	XZDXH0901
28	2014/9/1	D 校校长	校长	XZZFY0901（2）
29	2014/9/1	39 中校长	校长	XZBGX0901（2）
30	2014/9/2	62 中副校长	校长	XZWXA0902
31	2014/9/1	D 校副校长	流动教师	JSWJ0902
32	2014/10/11	华青公司负责人	企业人员	QYLBS1011

参考文献

Becker, G. S., *Human Capital*, New York: Columbia University Press, 1964.

Bennett, Gordon, "Chinese Mass Campaigns and Social Control", A. A. Wilson, S. L. Greenblatt, and R. W. Wilson (eds.), *Deviance and Social Control in Chinese Society*, New York: Praeger, 1977.

Berne, R & Stiefel, L., *The Measurement of Equity in School Finance*, Baltimore, MD: Johns Hopkins University Press, 1984.

Brian Uzzi, "Social Structure and Competition in Inter-firm Networks: The Paradox of Embeddedness", *Administrative Science Quarterly*, 1997: 42 (1).

Ching Kwan Lee, "Is Laber a Political Force in China?", Elizabeth J. Perry and Merle Goldman, *Grassroots Political Reform in Contemporary China*, Cambridge, MA: Harvard University Press, 2007.

Churchill, N. C., W. W. Cooper and T. Sainsbury, "Laboratory and Field Studies to the Behavioral Effects of Audits", C. P. Bonini et al. eds., *Management Controls: New Directions in Basic Research*, New York: McGraw-Hill Book Company, 1964.

Coleman, James S., *Foundations of Social Theory*, Cambridge, MA: Belknap Press of Harvard University Press, 1990.

Dezalay, Yves, and Bryant G. Garth, *Dealing in Virtue: International*

Commercial Arbitration and the Construcion of a Transnational Legal Order, Chicago: University of Chicago Press, 1996.

Dill, William R. , "Environment as an Influence on Managerial Autonomy", *Administrative Science Quarterly*, 2, 1958: 409 – 443.

DiMaggio, Paul and Walter Powell, "The Iron Cage Revisited: Institutional Isomorphism and Collective Rationality", *American Sociological Review*, 42, 1983: 726 –743.

DiMaggio, Neil, "Interest and Agency in Institutional Theory", Zucker, Lynne G. , *Institutional Patterns and Organizations: Culture and Environment*, Ballinger Publishing Co. , 1985.

Eccles, Robert G. , Harrison C. White, "Price and Authority in Inter– Profit Center Transactions", *American Journal of Sociology*, 94, Supplement, 1988: S17 –S51.

Emerson, Richard M. , "Power-Dependence Relations", *American Sociological Review*, 27, 1962: 31 –40.

Everhart, R. B. , "Fieldwork Methodology in Educational Administration", Norman J. Boyan Ed. , *Handbook of Research on Educational Administration*, Longman Inc. , 1988.

Ferderlck J. G. , *Labor Turnover: Calculation and Cost*, New York: AMA, 1960: 7.

Fligstein, Neil, "The Spread of the Multidivisional Form among Large Firms, 1919 – 1979", *American Sociological Review*, Vol. 50, No. 3, 1985: 377 –391.

Freeman, John H. , "The Unit of Analysis in Organizaional Research", Marshall W. Meyer, *Environments and Organizations*, San Francisco: Jossey – Bass. 1978.

Franko, Lawrence G. , "The Growth, Organizational Efficiency of European Multinational Firms: Some Emerging Hypotheses", *Colloques International*

Aux C. N. R. S. , No. 549, 1972: 335 - 366.

Galaskiewicz, Joseph, and Wolfgang Bielefeld, *Nonprofit Organizations in an Age of Uncertainty: A Study of Organizational Change*, New York: Aldine De Gruyter, 1998.

Gross, Edward, "Some Fouctional Consequences of Primary Controls in Formal Work Organizations", *American Sociological Review*, 18, 1953: 368 - 73.

James, E. , "Why do Different Countries Choose a Different Public-private Mix of Educational Services?", *The Journal of Human Resources*, 28 (3), 1993: 571 - 592.

Jonathan Schwartz, R. Gregory Evans, "Causes of Effective Policy Implementation: China's Public Health Response to SARS", *Journal of Contemporary China*, Volume 16, Issue 51, 2007.

Lazear, E. Shervin R. , "Rank-ordered Tournaments as Optimal Labor Contracts", *Journal of Political Economy*, Vol (89), 1981: 841 - 864.

Lin, N. , "Local Market Socialism: Local Corporation in Action in Rural China", *Theory and Society*, 24 (3), 1995: 301 - 354.

Lindbom, Charles E. , *Politics and Markets: The World's Political-economic Systems*, New York: Basic Books, 1977.

March, James G. , *Decisions and Organazations*, Oxford: Basil Blackwell, 1988.

Meyer, J. W. , Rowan, Brian, "Institutionalized Organizations: Formal Structure as Myth and Ceremony", *American Journal of Sociology*, Vol. 83, No. 2, 1977: 340 - 363.

Mort, Paul R. , "Education of Education Opportunity", *Journal of Education Reasearch*, 13, 1926: 90.

Mincer, J. , *Schooling Age, and Earnings*, National Bureau of Economic Research. New York, 1971.

Pfeffer, Jeffrey, *Power in Organizations*, Marshfield, MA: Pitman, 1981.

Pfeffer, Jeffrey, "A Resource Dependence Perspective on Intercorporate Relations", Mark S. Mizruchi, Michael Schwartz, *Intercorporate Relations: The Structural Analysis of Business*, New York: Cambridge University Press, 1987.

Pfeffer, Jeffrey, "Introduction to the Classic Edition", *The External Control Organizations: A Resource Dependence Perspective*, Classic Edition, Stanford, CA: Stanford University Press, 2003.

Presthus, Robert, *The Organizational Society*, New York: St. Martin's Press, 1978.

Roethlisberger, F. J. , William J. Dickson, *Management and the Worker*, Cambridge, MA: Harvard University Press, 1939.

Rumelt, Richard, *Strategy, Structure, and Economic Performance*, Boston: Harvard Bussiness School Press, 1986.

Selznick, Philip, *TVA and the Grass Roots*, Berkeley: University of California Press, 1949.

Selznick, Philip, "Institutionalism 'old' and 'new'", *Administrative Science Quarterly*, Vol. 41, No. 2, 1996: 270 – 277.

Shah A. , "A Practitioner's guide to Intergovernment Fiscal Transfers", World Bank Policy Research Working Paper 4039, http://www.worldbank.org/en/research, 2006.

Schultz, "Investments in the Schooling and Health of Women and Men: Quantities and Returns", *Journal of Human Resources*, 1993, 28 (4), 694 – 734.

Scott, W. Richard, John W. Meyer, "Envirionmental Linkages and Organizational Complexity: Public and Private Schools", Thomas James, Henry M. Levin, *Comparing Public and Private Schools*, Vol. 1, 1988.

Simon, Herbert A. , "On the Concept of Organizational Goal", *Adminis-*

trative Science Quarterly, 9, 1964: 1 – 22.

Sullivan, K. , "The Impact of Education Reform on Teachers' Professional Ideologies", *New Zealand Journal of Educational Studies*, 29 (1), 1994: 3 – 20.

Tony Saich, *Governance and Politics of China*, New York: Palgrave Macmillan, 2001.

Weber, Max, *Economy and Society: An Interpretive Sociology*, Guenther Roth and Claus Wittich, New York: Bedminister Press, first published in 1924, 1968 trans.

Weisbrod, Burton, *To Profit or Not to Profit: The Commercial Transformation of the Nonprofit Sector*, Cambridge University Press, 1998.

Weick, Karl E. , *The Social Psychology of Organizing* (2nd ed.), Reading, MA: Addison – Wesley, 1979.

Williamson, O. E. , "Administrative Decision Making and Pricing: Externality and Compensation Analysis Applied", Julius Margolis, ed, *The Analysis of Public Output*, New York: National Bureau of Economic Research, Inc. , 1970: 115 – 135.

Wilson, James Q. , *Bureaucracy: What Government Agencies Do and Why They Do It*, New York: Basic Books, 1989.

Wood, B. D. , "The Dynamics of Political Control of the Bureaucracy", *American Political Science Review*, Vol 85 (3), 1991: 801 – 828.

Yin, R. K. , *Case Study Research: Design and Methods*, 2nd Ed. , Thousand Oaks: Sage, 1994.

W. 理查德·斯科特:《组织理论》,黄洋、李霞、申薇等译,华夏出版社2002年版。

W. 理查德·斯科特:《制度与组织——思想观念与物质利益》,姚伟、王黎芳译,中国人民大学出版社2010年版。

W. 理查德·斯科特:《组织理论:理性、自然与开放系统的视角》,

高俊山译，中国人民大学出版社 2011 年版。

西蒙·赫伯特：《现代决策理论的基石》，杨烁等译，北京经济学院出版社 1989 年版。

奥利弗·E. 威廉姆森：《市场与层级制》，蔡晓月等译，上海财经大学出版社 2011 年版。

康德：《纯粹理性批判》，李秋零译，中国人民大学出版社 2004 年版。

林南：《社会资本——关于社会结构与行动的理论》，张磊译，上海人民出版社 2005 年版。

杰夫·惠迪、萨莉·鲍尔、大卫·哈尔平：《教育中的放权与择校：学校、政府和市场》，马忠虎译，教育科学出版社 2003 年版。

彼得·布劳，马歇尔·梅耶：《现代社会中的科层制》，马戎、时宪民、邱泽奇译，学林出版社 2001 年版。

詹姆斯·R. 汤森、布兰特利·沃马克：《中国政治》，顾速、董方译，江苏人民出版社 1996 年版。

科恩：《教育经济学》，范元伟译，上海人民出版社 2009 年版。

约翰·E. 丘伯、泰力·M. 默：《政治、市场和学校》，蒋衡等译，教育科学出版社 2003 年版。

亨利·法约尔：《工业管理与一般管理》，迟力耕等译，机械工业出版社 2007 年版。

科尔奈：《社会主义体制：共产主义政治经济学》，张安译，中央编译出版社 2007 年版。

艾云：《上下级政府间"考核检查"与"应对"过程的组织学分析》，《社会》2011 年第 3 期。

鲍传友：《义务教育均衡发展：内涵和原则》，《国家教育行政学院学报》2007 年第 1 期。

卜华白、刘沛林：《企业竞争战略选择的途径确定——一种基于资源依赖理论的分析》，《湖南社会科学》2006 年第 2 期。

曹俊文、罗良清：《转移支付的财政均等化效果实证分析》，《统计研究》2006 年第 1 期。

陈向明：《质的研究方法与社会科学研究》，北京大学出版社 2000 年版。

陈坚、陈阳：《我国城乡教师流动失衡的制度分析》，《教育发展研究》2008 年第 Z1 期。

陈至立：《坚定信心、振奋精神，努力开创"十一五"期间教育工作新局面——在教育部 2006 年度工作会议上的讲话》，《中国高等教育》2006 年第 2 期。

程介明：《高等教育发展的新趋势：公私合作的政策选择》，《教育发展研究》2009 年第 11 期。

崔新健：《美日合资企业创新泰罗制和科层制的经验》，《外国经济与管理》1995 年第 2 期。

丁小浩：《义务教育资源均衡化思辨》，《新闻周刊》2003 年 10 月 20 日。

杜维明：《全球化与多样性》，哈佛燕京学社编《全球化与文明对话》，江苏教育出版社 2004 年版。

范先佐：《义务教育均衡发展与农村中小学教师队伍》，《北京论坛会议论文集》2012 年。

费孝通：《师承、补课、治学》，生活·读书·新知三联书店 2002 年版。

冯志峰：《中国运动式治理的定义及其特征》，《中共银川市委党校学报》2007 年第 2 期。

冯仕政：《中国国家运动的形成与变异：基于政体的整体性解释》，周雪光、刘世定、折晓叶编《国家建设与政府行为》，中国社会科学出版社 2012 年版。

佛朝晖：《县域义务教育师资均衡配置政策执行现状、问题及建议——基于县市教育局长的调查分析》，《教育发展研究》2011 年第

11 期。

葛新斌、胡劲松：《政府与学校关系的现状与变革——以珠江三角洲地区公立中小学为例》，《华南师范大学学报》（社会科学版），2001 年第 6 期。

郭建如：《国家—社会视角下的农村基础教育发展：教育政治学分析》，《北京大学教育评论》2005 年第 3 期。

郭建如：《中国农村义务教育财政体制变革与义务教育发展：社会学透视》，民族出版社 2010 年版。

郭建如、马林霞：《社会学的制度与教育制度研究初探》，《比较教育研究》2005 年第 4 期。

贺武华、方展画：《公立学校"科层制批判"的反思与批判》，《浙江大学学报》（人文社会科学版）2009 年第 4 期。

黄晓春：《技术治理的运作机制研究——以上海市 L 街道一门式电子政务中心为案例的研究》，周雪光、刘世定、折晓叶编《国家建设与政府行为》，中国社会科学出版社 2012 年版。

皇娟：《中国公共危机治理中的政治动员方式》，《中国青年政治学院学报》2012 年第 4 期。

江杰、李志慧：《地方财政能力差异与转移支付均等化效应分析——基于湖南的实证研究》，《地方财政研究》2006 年第 3 期，

江孝感、王伟：《中央与地方政府事权关系的委托——代理模型分析》，《数量经济技术经济研究》2004 年第 4 期。

敬义嘉：《政府扁平化：通向后科层制的改革与挑战》，《中国行政管理》2010 年第 10 期。

康宁：《我国高等教育资源配置方式转换与制度环境》，《北京大学教育评论》2004 年第 4 期。

康永久：《当代公立学校制度变革研究述评》，《比较教育研究》2004 年第 11 期。

雷万鹏：《寻求义务教育均衡发展的新机制——基于湖北省的实证研

究》，《教育研究与实验》2006 年第 2 期。

雷万鹏：《义务教育学校布局调整——研究进展与难题破解》，《华中师范大学学报》（人文社会科学版）2014 年第 5 期。

李金池：《改革普通高中招生制度促进基础教育均衡发展——河北省衡水市普通高中招生制度改革的研究与实践》，《基础教育参考》2007 年第 7 期。

李实：《中国个人收入分配研究回顾与展望》，《经济学》（季刊）2003 年第 2 期。

李小土、刘明兴、安雪慧：《西部农村教育财政改革与人事权力结构变迁》，《北京大学教育评论》2008 年第 4 期。

连纯华：《高校信息化建设中的信息孤岛现象》，《教育评论》2009 年第 1 期。

刘德吉：《基本公共服务均等化：基础、制度安排及政策选择》，上海交通大学出版社 2013 年版。

刘祖云：《政府间关系：合作博弈与府际治理》，《学海》2007 年第 1 期。

陆益龙：《户籍制度——控制与社会差别》，商务印书馆 2003 年版。

吕丽艳：《"以县为主"的农村义务教育管理体制运行状况个案调查》，《东北师范大学学报》（哲学社会科学版）2004 年第 1 期。

马国贤：《基本公共服务均等化的公共财政政策研究》，《财政研究》2007 年第 10 期。

马迎贤：《组织间关系：资源依赖理论的历史演进》，《社会》2004 年第 7 期。

聂辉华：《取消农业税对乡镇政府行为的影响：一个多任务委托—代理模型》，《世界经济》2006 年第 8 期。

宁骚：《公共政策学》，高等教育出版社 2003 年版。

秦玉友、孙颖：《学校布局调整：追求和限度》，《教育研究》2011 年第 6 期。

渠敬东、周飞舟、应星：《从总体支配到技术治理——基于中国 30 年改革经验的社会学分析》，《中国社会科学》2009 年第 6 期。

屈潇潇：《民办高校特色发展的行动逻辑——以某民办高校为例》，博士学位论文，北京大学，2012 年。

荣敬本、崔之元：《从压力型体制向民主合作体制的转变——县乡两级政治体制改革》，中央编译出版社 1998 年版。

商庆军：《公共财政政策的激励相容机制》，经济科学出版社 2010 年版。

盛洪：《现代制度经济学》（上、下册），北京大学出版社 2003 年版。

史亚娟：《中小学教师流动存在的问题及其改进对策——基于教师管理制度的角度》，《教育研究》2014 年第 9 期。

苏力：《制度是如何形成的》，北京大学出版社 2007 年版。

谈松华、王建：《教育现代化区域发展模式研究》，北京师范大学出版集团 2011 年版。

唐海华：《国家、村庄与阶级——中共在华北农村的社会动员（1937—1949）》，博士学位论文，北京大学，2006 年。

唐皇凤：《常态社会与运动式治理——中国社会治安治理中的"严打"政策研究》，《开放时代》2007 年第 3 期。

唐祥来、康锋莉：《财政学》，人民邮电出版社 2013 年版。

王浦劬、莱斯特·M. 萨拉蒙：《政府向社会组织购买公共服务研究——中国与全球经验分析》，北京大学出版社 2010 年版。

汪锦军：《浙江政府与民间组织的互动机制：资源依赖理论的分析》，《浙江社会科学》2008 年第 9 期。

汪明：《义务教育均衡发展与若干保障机制——部分地区的政策及实践分析》，《教育发展研究》2005 年第 10 期。

汪新波：《对企业性质的重新思考——现代股份公司的启示》，《经济研究》1992 年第 9 期。

王琴梅：《分享改进论——转型期区域非均衡协调发展的机制研究》，

人民出版社 2007 年版。

王蓉：《义务教育投入之公平性研究》，《经济学季刊》2003 年第2 期。

王蓉：《中国县级政府财政预算行为：一个案例研究》，《北京大学教育评论》2004 年第 2 期。

王善迈：《社会主义市场经济条件下的教育资源配置》，《教育与经济》1997 年第 3 期。

魏宏聚：《利益博弈下的教育政策失真研究——以义务教育"择校生收费政策"的执行为例》，《中国教育学刊》2007 年第 4 期。

闻待：《教师校际流动政策的探索及改进路径》，《教育发展研究》2009 年第 10 期。

闻丽：《科层化：科层制组织的理性与非理性》，《理论月刊》2005年第 12 期。

文东茅：《义务教育师资配置均衡化的政策选择》，《教育理论与实践》2001 年第 11 期。

吴华、戴嘉敏、吴长平、蔡忠明：《从差距合作到差异合作——对发达地区城区义务教育均衡发展的新思考》，《中国教育报》，2008 年 5 月10 日。

萧鸣政：《人力资源开发与管理》，科学出版社 2005 年版。

刑辉：《跨区域合作：职业教育的战略选择》，《中国教育报》2013年 8 月 27 日。

阎凤桥：《民办教育规模在同级教育中所占比例的影响因素分析》，《教育研究》2004 年第 9 期。

阎凤桥：《从非营利组织特性分析我国民办学校的产权和治理结构》，《教育经济》2006 年第 1 期。

阎凤桥：《大学的办学质量与声誉机制》，《国家教育行政学院学报》2012 年第 12 期。

阎凤桥：《教育均衡化与制度选择分析》，《华中师范大学学报》（人文社会科学版）2014 年第 3 期。

杨小微：《从义务教育免费走向教育过程公平》，《"公平、均衡、效率——多元社会背景下教育政策"国际研讨会论文集》，2008 年。

尹恒、康琳琳、王丽娟：《政府间转移支付的财力均等化效应——基于中国县级数据的研究》，《管理世界》2007 年第 1 期。

应星：《超越"维稳的政治学"——分析和缓解社会稳定问题的新思路》，《人民论坛（学术前沿）》2012 年第 7 期。

于建福：《教育均衡发展：一种有待普遍确立的教育理念》，《教育研究》2002 年第 2 期。

于洁、丁延庆：《义务教育"区域一体化"制度的探析——基于华东地区某市的调研》，《中国教育学刊》2015 年第 4 期。

翟博：《树立科学的教育均衡发展观》，《教育研究》2008 年第 1 期。

曾凡军：《基于整体性治理的政府组织协调机制研究》，武汉大学出版社 2013 年版。

曾军平：《政府间转移支付制度的财政平衡效应研究》，《经济研究》2000 年第 6 期。

曾满超、丁延庆：《中国义务教育资源利用及配置不均衡研究》，《教育与经济》2005 年第 2 期。

张欢、张强、朱琴：《农村义务教育经费"挤出效应"研究》，《清华大学教育研究》2004 年第 5 期。

张金艳：《委托代理关系、政府层级与农民负担》，《经济体制改革》2005 年第 3 期。

张汝伦：《时代的思者》，上海书店出版社 2009 年版。

张曙光：《论制度均衡和制度变革》，盛洪《现代制度经济学》（下卷），中国发展出版社 2009 年版。

张天雪、朱智刚：《非正式制度规约下的中小学教师流动实证分析》，《中国教育学刊》2009 年第 4 期。

张新平：《教育行政组织的发展与创新——对基层教育行政的个案研

究》，南京师范大学出版社 2003 年版。

张新平：《对学校科层制的批判与反思》，《教育探索》2003 年第 8 期。

张永生：《政府间事权与财权如何划分》，《经济社会体制比较》2008 年第 2 期。

张志红：《当代中国政府间纵向关系研究》，天津人民出版社 2005 年版。

赵鼎新：《社会与政治运动讲义》，清华大学出版社 2006 年版。

中共河北省委党校课题组、张平英：《河北省财政转移支付均衡化效应的实证分析》，《经济研究参考》2006 年第 90 期。

钟宇平、雷万鹏：《 公平视野下中国基础教育财政政策》，《教育与经济》2002 年第 1 期。

周飞舟：《以利为利——财政关系与地方行为》，上海三联书店 2012 年版。

周黎安：《中国地方官员的晋升锦标赛模式研究》，《经济研究》2007 年第 7 期。

周雪光：《组织社会学十讲》，社会科学文献出版社 2003 年版。

周雪光：《基层政府间的"共谋现象"：一个政府行为的制度逻辑》，《开放时代》2009 年第 12 期。

周雪光：《权威体制与有效治理：当代中国国家治理的制度逻辑》，周雪光、刘世定、折晓叶编《国家建设与政府行为》，中国社会科学出版社 2012 年版。

朱光磊：《当代中国政府进程》，天津人民出版社 2002 年版。

朱光磊、张志红：《"职责同构"批判》，《北京大学学报》（哲学社会科学版）2005 年第 1 期。

朱向军：《名校集团化办学——基础教育均衡发展的"杭州模式"》，《教育发展研究》2006 年第 5 期。